巻頭文

あそぶ楽しさ

谷川俊太郎

詩の言葉はふだん私たちが暮らしの中で使っている言葉と、同じ日本語なのにどこか違っています。たとえば一通の契約書と一篇の詩を読み比べてみるだけでもその違いは分かります。詩の言葉では言葉が指し示す実際的な目的よりも、言葉そのものが目的になっている面が大きいのです。

散文の言葉は意味が大切ですが、詩の言葉には意味のほかにも大切なものがあります。言葉の音、言葉の色、言葉の形、言葉の感触、言葉の響き、それらが組み合わさって、なにか意味以上のもの、時には無意味なものの持つ、不思議な存在感を感じさせる、そこに働くのは〈遊び〉と呼ぶのがいちばんふさわしい、私たち人間の、他の動物には見られない活動でしょう。

言葉のそのような遊べる部分を、私たちはふだんの友達とのやりとりの中でも、冗談やダジャレや悪意のない悪口などで気づかずに使っています。それは人と人とのつきあいの上でのいわば潤滑剤のような役割を果たしていると言えるでしょう。しかし詩という形をとった言葉の遊びは、日常会話の中でのそれとは少々次元が異なる〈作品〉です。

たとえば草野心平の「冬眠」は一個の黒い丸だけで、言葉はありません。この詩（？）を見て、皆さんは何を感じるでしょうか。なんだこれ、わけが分からないよというのが第一印象かもしれません、バカにしてると怒り出す人もいるでしょうし、ゲラゲラ笑い出す人もいるでしょう。この黒い丸はある意味で言葉についての私たちの感性を試すものでもあると思います。

ユーモアがあるかないか、人を判断する基準の一つとして、私はユーモアというものを大切に考えています。今のテレビのお笑い番組にはないもの、昔ながらの日本の伝統芸、落語や狂言を成り立たせている洗練された微妙なおかしさ、ユーモアは自分にこだわらずに、ちょっと離れた距離で自分を眺めることの出来る知性から生まれるものだと思います。

小さな子どもたちが笑いながら遊ぶのを見ていると、自分が生きている事実そのものが歓《よろこ》びであり、何も理由がなくとも笑えてきてしまうのだということがよく分かります。生きることがそのまま遊びだったような子ども時代は、あっという間に過ぎ去っていきますが、詩は言葉でそんな〈生きる歓び〉を私たちの心のうちによみがえらせてくれるのではないでしょうか。

大人になるまでに読みたい 15歳の詩④

あそぶ

【目次】

ことば遊び／ことばの実験室

表記について

＊収録した作品については漢字は新字で表記しました。／＊仮名づかいについては、その作者の全集および作品集を参考にしました。旧仮名づかいの場合はそのままとしました。同じ語の繰り返しを示す「ゝ」「〱」などの踊り字は、改めました。／＊ふりがなは、底本としたテキストに付けられているものは、そのままとしました。読み方が難しいと思われる語には（ ）としてふりがなを付けました。／＊作品の一部に、現在から見て人権にかかわる不適切と思われる表現・語句が含まれていますが、作者の意図はそれら差別を助長することにはないこと、そして執筆時の時代背景と、文学的価値を鑑み、原文を尊重しそのままとしました。

（編集部）

想像《イメージ》してごらん

天気

西脇順三郎

（覆《くつがへ》された宝石）のやうな朝
何人か戸口にて誰かとささやく
それは神の生誕の日。

＊西脇順三郎
（にしわき・じゅんざぶろう）

一八九四(明治27)年、新潟県小千谷市生まれ。慶應義塾大学卒。英国オックスフォード大学に留学し、新しい文学思潮を吸収。一九二五（大正14）年、英文詩集『Spectrum』を刊行する。帰国後、慶應大学の教授をつとめるかたわら、詩人、評論家、翻訳家として活躍する。詩集に『Ambarvalia』（一九三三〈昭和8〉年）、『旅人かへらず』（一九四七〈昭和22〉年）、など。シュルレアリスムの紹介者となり、日本の詩人に影響を与えるとともに、海外でも高い評価を得る。一九八二（昭和57）年、88歳で死去。

０

石垣りん

零は０
０は円
宇宙のまる、地平線のまる、りんごのまる

りんごなら赤い皮、白い中味
かめばさくさくと音がする
ぎつしりとみのつた０の中味は甘酸つぱい。

さてはふわふわと
ふれることの出来ないしやぼん玉のまる、
七色に光りながら　ちよいと空中に浮き上り

＊石垣りん（いしがき・りん）
一九二〇（大正９）年、東京市赤坂（現・東京都港区赤坂）生まれ。一九三八（昭和13）年、女性詩人の活躍の場となる雑誌『断層』を発刊（一九四三〈昭和18〉年まで刊行）。戦前より日本興業銀行に勤め、戦後は銀行の機関誌などにも作品を発表する。一九五九（昭和34）年、第一詩集『私の前にある鍋とお釜と燃える火と』を刊行。詩集に、『表札など』（一九六八〈昭和43〉年、Ｈ氏賞）などがある。エッセイ集に『ユーモアの鎖国』（一九七三〈昭和48〉年）、『焔に手をかざして』（一九八〇〈昭和55〉

よそ目には軽そうな、けれど中味のおもさにポン　とはぜる
不思議にもこの世にあらわれては消える
つかのまの0

木の葉がそよぐ、まるくうごく
石を捨てた池に水紋の円。

0
零
1の基
ぎっしりと充実したこの世の零よ
0の中で人が生き
人はやがて零になる、

年）など。二〇〇四（平成16）年、84歳で死去。

何ものも持ち得ぬ宇宙のおもさ
しかもかるがると天界に
あらわれては消えるつかのまの0
0の中の幾世紀、人よ、人よ、私よ。

＊

私は0をふくらます、
ゴム風船のように、あたたかい私の息で
この世の中のいっさいの0
はてしない虚無を
両手の中でプウプウとふくらます。

私は澄んだ青い空を

つめたい水平線を
いのちこめてふくらます、

いかが?
地球はかるい
宇宙はかるい

私の息でふくらんだゴム風船がぽん、と浮く
すごい天界のさなかに
キラ、キラ、光りながら。

サーカス

中原中也

幾時代かがありまして
　茶色い戦争ありました

幾時代かがありまして
　冬は疾風吹きました

幾時代かがありまして
　今夜此処での一《ひ》と殷盛《さか》り
　　今夜此処での一と殷盛り

サーカス小屋は高い梁（はり）

＊中原中也（なかはら・ちゅうや）
一九〇七（明治40）年、山口県山口市生まれ。一九二三（大正12）年、京都に移る。この頃ダダイズムに傾倒。一九二五（大正14）年、上京。のちに小林秀雄らと交わる。『ランボオ詩集』を翻訳するなど、フランス詩に影響を受ける。一九三四（昭和9）年、詩集『山羊の歌』刊行。一九三七（昭和12）年、30歳で死去。一九三八（昭和13）年、詩集『在りし日の歌』が、小林秀雄らによって出版される。

そこに一つのブランコだ
見えるともないブランコだ
頭倒《さか》さに手を垂れて
　汚れ木綿の屋蓋《やね》のもと
ゆあーん　ゆよーん　ゆやゆよん

それの近くの白い灯が
　安値《やす》いリボンと息を吐き
観客様はみな鰯
　咽喉《のんど》が鳴ります牡蠣殻《かきがら》と
ゆあーん　ゆよーん　ゆやゆよん

屋外《やがい》は真ツ闇《くら》　闇《くら》の闇《くら》
夜は劫々《（こふこふ）》と更けまする
落下傘奴《らくかがさめ》のノスタルヂアと
ゆあーん　ゆよーん　ゆやゆよん

遊園地《るなぱあく》にて

萩原朔太郎

遊園地《るなぱあく》の午後なりき
楽隊は空に轟き
回転木馬の目まぐるしく
艶めく紅《べに》のごむ風船
群集の上を飛び行けり。

今日の日曜を此所に来りて
われら模擬飛行機の座席に乗れど
側へに思惟するものは寂しきなり。
なになれば君が瞳孔《ひとみ》に
やさしき憂愁をたたへ給ふか。
座席に肩を寄りそひて

＊萩原朔太郎
（はぎわら・さくたろう）
一八八六（明治19）年、群馬県前橋市生まれ。慶応義塾大学部予科中退。中学時代から歌作を試み、雑誌『明星』と『文庫』などに投稿を始める。一九一七（大正6）年、第一詩集『月に吠える』を刊行、前衛詩人として注目を浴びる。その後、一時期詩作を中断したが、一九二二（大正11）年に詩集『青猫』を刊行。そのほか、アフォリズム集『新しき欲情』、詩論集『詩の原理』などがある。一九四二（昭和17）年、55歳で死去。

接吻《きす》するみ手を借したまへや。

見よこの飛翔する空の向うに
一つの地平は高く揚り　また傾き　低く沈み行かんとす。
暮春に迫る落日の前
われら既にこれを見たり
いかんぞ人生を展開せざらむ。
今日の果敢なき憂愁を捨て
飛べよかし！　飛べよかし！

明るき四月の外光の中
嬉嬉たる群集の中に混りて
ふたり模擬飛行機の座席に乗れど
君の円舞曲《わるつ》は遠くして
側へに思惟するものは寂しきなり。

若葉よ来年は海へゆこう

金子光晴

絵本をひらくと、海がひらける。若葉にはまだ、海がわからない。

若葉よ。来年になったら海へゆこう。海はおもちゃでいっぱいだ。
うつくしくてこわれやすい、ガラスでできたその海は
きらきらとして、揺られながら、風琴《ふうきん》のようにうたっている。
海からあがってきたきれいな貝たちが、若葉をとりまくと、
若葉も、貝になってあそぶ。
若葉よ。来年になったら海へゆこう。そして、じいちゃんもいっしょ
に貝になろう。

＊金子光晴（かねこ・みつはる）
一八九五（明治28）年、愛知県津島市生まれ。早稲田大学高等予科、東京美術学校、慶應義塾大学文学部予科に入学したが、いずれも短期間で中退。一九一九（大正8）年、第一詩集『赤土の家』を刊行。昭和に入ってから四年間ほど東南アジアとヨーロッパを漂泊。一九三七（昭和12）年に詩集『鮫』を刊行。戦争協力を拒み詩作をつづけ、戦後に反戦詩人として高い評価を得る。『マレー蘭印紀行』、『どくろ杯』、『ねむれ巴里』などの自伝がある。一九七五（昭和50）年、79歳で死去。

クローバーの原っぱで

高橋順子

クローバーの原っぱで
風に吹かれていてもいい
それが楽しいことだったら
空が茜色になったら
お酒を呑んでもいい
それが楽しいことだったら
恋人を五人つくってもいい
それが楽しいことだったら
猫に生まれ変わってもいい
それが楽しいことだったら
心をいれかえてもいい
それが楽しいことだったら

＊高橋順子（たかはし・じゅんこ）一九四四（昭和19）年、千葉県海上郡飯岡町（現・旭市）生まれ。東京大学文学部フランス文学科卒。出版社に勤務し、一九七七（昭和52）年に第一詩集『海まで』を刊行。一九九三（平成5）年、小説家・車谷長吉と結婚。詩集に『花まいらせず』（一九八六〈昭和61〉年、現代詩女流賞）、『幸福な葉っぱ』（一九九〇〈平成2〉年、現代詩花椿賞）、『時の雨』（一九九六〈平成8〉年、読売文学賞）、『貧乏な椅子』（二〇〇〇〈平成12〉年）、『海へ』（二〇一四〈平成26〉年、歴程賞、三好達治賞）などがある。

メタモルフォーゼ

小長谷清実

今日わたしはかわうそだ
そう決めてシーツの上でその気になる

そこまでは容易だが
そこからは至難のワザ

なにしろわたしはかわうそについて
殆ど何も知らないのだから

それでも今日わたしはかわうそだ
うっかりそう口ばしってしまったから

＊小長谷清実（こながや・きよみ）　一九三六（昭和11）年、静岡県生まれ。上智大在学中の一九五七（昭和32）年、詩誌『氾』同人となる。その後、電通に勤務。一九七七（昭和52）年、『小航海26』でH氏賞を受賞。詩集に、『脱けがら狩り』（一九九一〈平成3〉年、高見順賞）、『わが友、泥ん人』（二〇〇七〈平成19〉年、現代詩人賞）などがある。

事前にかわうそについて
少しは調べておくべきだったと思う

機会があったら　少しは
写真か図版をよく見ておくべきだったと思う

もう遅い　なにしろ
今日わたしはかわうそだ

かわうそは指でシーツにつかまるか
別のものになりたがったりするものか

そんなことはわからない
わかったところでどうにもならん

だからどうかとにかく――
今日わたしは断固としてかわうそだ
そうだ　絶滅にひんした
かわうそだ
さて　かわうそのコトバで
何をしゃべるべきか
たとえば　今日わたしは
断固としてジャガイモだとか

シャボン玉

宗　左近

身体が浮きあがる
（こころのほうは重いから）
手足を動かす
（鰭《ひれ》なんぞこころにだってはえはせず）
泳ぎだす
泳ぎだすよりほかはない
（どこだってここよりはましだろう）
きみとぼく　よりそって
（こころのほうは離ればなれだから）
泳ぎすすむ
（こころにはえない鰭うちふって）

＊宗　左近（そう・さこん）
一九一九（大正8）年、福岡県遠賀郡戸畑町（現・北九州市戸畑区）生まれ。東京大学哲学科卒。高校時代からフランス詩に親しむ。戦後詩誌『同時代』『歴程』などに参加。一九五九（昭和34）年、第一詩集『黒眼鏡』を刊行。詩集に『長篇詩　炎える母』（一九六七〈昭和42〉年、歴程賞）。『藤の花』（一九九四〈平成6〉年、詩歌文学館賞）など。エッセイ・小説・翻訳・作詞と多岐に活躍。縄文土器・土偶の愛好家として著名。二〇〇六〈平成18〉年、87歳で死去。

泳ぎに泳ぐ
波うたない波のなか
（こころのそとはすきとおり）
うっとり渦まく
眩暈の青さ
（夢みる宇宙の心電図）

あらほんとあの金魚鉢ったら
空にうかんで回転してるわ

汽車にのって

丸山 薫

汽車に乗つて
あいるらんどのやうな田舎へ行かう
ひとびとが祭の日傘をくるくるまはし
日が照りながら雨のふる
あいるらんどのやうな田舎へ行かう
窓に映つた自分の顔を道づれにして
湖水をわたり　隧道《とんねる》をくぐり
珍らしい顔の少女《をとめ》や牛の歩いてゐる
あいるらんどのやうな田舎へ行かう

＊丸山 薫（まるやま・かおる）
一八九九（明治32）年、大分県大分市生まれ。東京帝国大学国文科中退。京都の旧制第三高在学中、三好達治、梶井基次郎と知り合い、文学に関心を寄せる。『詩と詩論』や『詩・現実』などの詩誌に作品を寄稿。一九三二（昭和7）年に第一詩集『帆・ランプ・鷗』を刊行。一九三四（昭和9）年には堀辰雄、三好達治とともに第二次『四季』を創刊。戦後、愛知大学の教員をつとめながら、文学活動をつづける。一九七四（昭和49）年、75歳で死去。

ライオンの鼻唄

白石かずこ

わたしは昨日ライオンだったので　密林で
鼻唄をうたってました　夜には
星が一せいにふりだしたので
月の光をふみつけては
いたるところやけどをしました
鼻の頭をすりむいたり
恋で生命をあぶなくこがしたり
また　たてがみは風に吹かれて
過古　未来　死　何処へともなく
永遠にとび去ったのです
わたしの尾も耳も

＊白石かずこ（しらいし・かずこ）
一九三一（昭和6）年、カナダ・バンクーバー生まれ。7歳で帰国し、10代から詩作を始め、北園克衛主宰の雑誌『VOU』に参加。早稲田大学大学院芸術科修士課程修了。在学中の一九五一（昭和26）年に第一詩集『卵のふる街』を刊行。詩集に、『聖なる淫者の季節』（一九七〇〈昭和45〉年、H氏賞）、『砂族』（一九八二〈昭和57〉年、歴程賞）、『現れたるものたちをして』（一九九六〈平成8〉年、高見順賞・読売文学賞）など。一九九八（平成10）年に紫綬褒章を受章。二〇〇七（平成19）年『詩の風

もはや二度とわたしの所へは帰ってきますまい

今日　学校の帰り
わたしは鏡屋の前を通りました
それでこれだけは憶いだしたのですが
ピンセットを密林に忘れたので
二度と鼻唄の文句だけは
つまみだすことができません

景・詩人の肖像』では二度目の読売文学賞を受賞。世界各国の国際詩祭などにも広く参加する。

鬼ごっこ

新川和江

「あなたは霧?　風?　それともけむり?」
苦しまぎれに呼びかけると
遠くのほうから
あのひとの声がかえって来た
「あなたは霧?　風?　それともけむり?」

なんという　間の抜けた
さびしい鬼ごっこ!
わたしたちはどちらも目隠しをして
相手をつかまえようと
漠漠とした霧の中に

＊新川和江（しんかわ・かずえ）一九二九（昭和4）年、茨城県結城市生まれ。結城高等女学校に入学。西條八十に師事、戦後に復刊された雑誌『蠟人形』に投稿を始める。一九五三（昭和28）年、第一詩集『睡り椅子』を刊行。詩集に、『ひきわり麦抄』（一九六五〈昭和40〉年、現代詩人賞）、『けさの陽に』（一九九八〈平成10〉年、詩歌文学館賞）『はたはたと頁がめくれ…』（一九九九〈平成11〉年、歴程賞）、『記憶する水』（二〇〇七〈平成19〉年、現代詩花椿賞）など。一九八三（昭和58）年より十年間、吉原幸子と詩誌『ラ・メール』を刊行し女性詩人の活動を支援した。

手ばかりむなしく泳がせているのだった
「あなたが　いっぽんの木であればいい
　そうすれば　つかまって泣くことも出来るのに！」
苦しまぎれに呼びかけると
じきそばで
あのひとの声がした
「あなたがいっぽんの木であればいい
　そうすれば伐り倒すことも出来るのに！」

ソワレエ

木下夕爾

1

罠《わな》にかかつた獣のやうに
夕暮は戸口に来て
すわつてゐる
わらくづほどの光をつれて

あ　乾草《ほしくさ》いろの月がのぼつた
少年たちは
ハモニカのやうに
たうもろこしの実をくはえて

＊木下夕爾（きのした・ゆうじ）
一九一四（大正3）年、広島県福山市生まれ。第一早稲田高等学院文科に入学するが、家業のために転学、名古屋薬学専門学校（現・名古屋市立大学）を卒業。家業の薬局を営む。一九四〇（昭和15）年、第一詩集『田舎の食卓』を刊行（文芸汎論詩集賞）。戦後、久保田万太郎の俳誌『春燈』に参加。主要同人となる。句集の代表作に『遠雷』（一九五九〈昭和34〉年）など。一九六五（昭和40）年に、50歳で死去。翌年に刊行された『定本木下夕爾詩集』で読売文学賞を受賞。

紫蘇《しそ》畑の方へ出てゆく

2

ゆふぐれが来て美しい網をひろげる
そして捕へる　まだあそんでゐる子供たちを
エエテルのやうに　空気は軽くいい匂《にほ》ひがする
僕は木かげの石に腰かける
それはさつきまで夏が抱いてあたためてゐた白い卵のやうだ
あたりにすずしい時間が立止る
僕はおとなしい家畜の眼をする
樹脂が流れる方へ向つて　僕の耳はひらかれる
遠い沼がマグネシウムのやうに光つてゐる……

パン

三好達治

パンをつれて、愛犬のパンザをつれて
私は曇り日の海へ行く

パン、脚の短い私のサンチョパンザよ
どうしたんだ、どうしてそんなに嚔《くさめ》をするんだ

パン、これが海だ
海がお前に楽しいか、それとも情けないのか

パン、海と私とは似《に》てゐるか
似てゐると思ふなら、もう一度嚔をしてみろ

＊三好達治（みよし・たつじ）一九〇〇（明治33）年、大阪市西区西横堀町生まれ。東京帝国大学文学部仏文科卒。高校時代に丸山薫の影響を受けて詩を書き始める。一九二五（大正14）年、雑誌『青空』の創刊に参加、同誌に載せた「乳母車」が賞賛される。一九三〇（昭和5）年、第一詩集『測量船』を刊行。詩集に、『駱駝の瘤にまたがつて』（一九五二〈昭和27〉年、芸術院賞）、『定本三好達治全詩集』（一九六二〈昭和37〉年、読売文学賞）など。詩作をつづけるかたわら、ボードレールの『巴里の憂鬱』などを翻訳。一九六四（昭和39）年、63歳で死去。

パンはあちらへ行つた、そして首をふつて嚏をした
木立の中の扶養院から、ラディオの喘息持ちのお談議が聞える

私は崖に立つて、候兵《ものみ》のやうにぼんやりしてゐた
海、古い小さな海よ、人はお前に身を投げる、私はお前を眺めてゐる

追憶は帰つてくるか、雲と雲との間から
恐らくは萬事休矣、かうして歌も種切れだ

汽船が滑つてゆく、汽船が流れてゆく
艫《とも》を見せて、それは私の帽子のやうだ

私は帽子をま深にする
さあ帰らう、パン

私のサンチヨパンザよ、お前のその短い脚で、もつと貴族的に歩くのだ
さうだ首をあげて、さう尻尾もあげて

あわてものの蟹が、運河の水門から滑つて落ちた
その水音が気に入つた、——腹をたてるな、パン、あれが批評だよ

のちのおもひに

立原道造

夢はいつもかへつて行つた　山の　麓《ふもと》のさびしい村に
水引草に風が立ち
草ひばりのうたひやまない
しづまりかへつた午さがりの林道を

うららかに青い空には陽がてり　火山は眠つてゐた
――そして私は
見て来たものを　島々を　波を　岬を　日光月光を
だれもきいてゐないと知りながら　語りつづけた……

夢は　そのさきには　もうゆかない

＊立原道造（たちはら・みちぞう）　一九一四（大正3）年、東京市日本橋区（現・東京都中央区）に生まれる。東京帝国大学工学部建築科卒。リルケやヘルダーリンなどドイツの詩人を読み、詩誌『四季』の創刊に加わる。大学卒業後は、石本建築事務所に入る。一九三七（昭和12）年、第一詩集『萱草に寄す』を出版。同年、旅行中に喀血し、東京の療養所に入る。一九三九（昭和14）年、第一回中原中也賞（戦前の中也賞）を受賞。同年、24歳で死去。

なにもかも　忘れ果てようとおもひ
忘れつくしたことさへ　忘れてしまつたときには
夢は　真冬の追憶のうちに凍るであらう
そして　それは戸をあけて　寂寥（せきりょう）のなかに
星くづにてらされた道を過ぎ去るであらう

幼年

神保光太郎

きこえるのは　松風ばかり
みんな　子供達であつた
風が　あたまのいただきに　渦巻いては
思ひを　残して行つた
墓場には　真赤い実が熟れ
あそこを　出ると海
乳臭い郷愁が　胸をいつぱいにした
ことばが
噴煙のやうに立ちのぼつてきた
歌が　口を衝いた
みんな　すなほに合唱した

＊神保光太郎（じんぼ・こうたろう）
一九〇五（明治38）年、山形県山形市生まれ。京都大学文学部ドイツ文学科卒。高校時代から文学を志し、『詩と散文』、『現実』等さまざまな雑誌に参加し、『日本浪漫派』や『四季』の同人となる。一九三九（昭和14）年に詩集『鳥』、『雪崩』を刊行。一九四〇（昭和15）年には陸軍報道班員としてシンガポールへ渡り、昭南日本学園の学園長として実務にあたる。戦後は日本大学芸術学部の教授を務めた。一九六五（昭和40）年、『神保光太郎全詩集』を刊行。一九九〇（平成2）年、84歳で死去。

松の針

宮沢賢治

　さつきのみぞれをとつてきた
　あのきれいな松のえだだよ
おお　おまへはまるでとびつくやうに
そのみどりの葉にあつい頰をあてる
そんな植物性の青い針のなかに
はげしく頰を刺させることは
むさぼるやうにさへすることは
どんなにわたくしたちをおどろかすことか
そんなにまでもおまへは林へ行きたかつたのだ
おまへがあんなにねつに燃され
あせやいたみでもだえてゐるとき

＊宮沢賢治（みやざわ・けんじ）一八九六（明治29）年、岩手県花巻市生まれ。盛岡高等農林学校卒。研究生を経て、稗貫農学校の教員となる。一九二四（大正13）年、詩集『心象スケッチ　春と修羅』と童話集『注文の多い料理店』を刊行。以後、農民相談所で勤務するかたわら、地方新聞と雑誌などに詩篇と童話を発表し文学活動をつづける。一九三三（昭和8）年、37歳で死去。没後、草野心平らにより未発表作品が数多く刊行され、一躍高い評価を得た。

わたくしは日のてるとこでたのしくはたらいたり
ほかのひとのことをかんがへながら森をあるいてゐた
《ああいい　さつぱりした
　まるで林のながさ来たよだ》
鳥のやうに栗鼠《りす》のやうに
おまへは林をしたつてゐた
どんなにわたくしがうらやましかつたらう
ああけふのうちにとほくへさらうとするいもうとよ
ほんたうにおまへはひとりでいかうとするか
わたくしにいつしよに行けとたのんでくれ
泣いてわたくしにさう言つてくれ
　おまへの頬の　けれども
なんといふけふのうつくしさよ
わたくしは緑のかやのうへにも

この新鮮な松のえだをおかう
いまに雫もおちるだらうし
そら
さわやかな
terpentine《ターペンテイン＊》 の 匂《にほひ》 もするだらう

＊ **terpentine**　ドイツ語。テレビン油のこと。松脂から精製される。

メフィストフェレス登場

佐藤春夫

海につづける城の櫓《やぐら》。
夜。
波の音きこゆ。
思ひ沈める騎士ひとり。
この時、メフィストフェレス登場。*
「今晩は！
大そう陰気なお顔をして
お淋《さび》しさうだ。
ちよつとお話相手をさせてください。
さて、一本気な殿様！
物語風の騎士！
君は近ごろ立派なお城を建てましたね、

＊佐藤春夫（さとう・はるお）
一八九二（明治25）年、和歌山県新宮市生まれ。慶應義塾大学中退。10代の頃から短歌・詩を雑誌に発表。上京後は生田長江、永井荷風に師事。一九一九（大正8）年、小説『田園の憂鬱』を刊行。この作品で作家としての地位を築く。一九二一（大正10）年、第一詩集『殉情詩集』を刊行。小説『都会の憂鬱』（一九二三〈大正12〉年）、『晶子曼陀羅』（一九五四〈昭和29〉年）。評論・随筆集『退屈読本』（一九二六〈大正15〉年）などがある。一九六四（昭和39）年、72歳で死去。

噂《うはさ》を聞いて参上して見たが
見事！　見事！
それに思ひ出といふ貴女《きぢょ》の
青ざめた亡霊によく奉仕して御座《ござ》る。
感心！　感心！
ところで殿様。
お城を飛んだところへ建てましたなあ。
足場は大丈夫ですかい。
一たい私《わたし》はその道のくろうとだが――
ちよつと御覧《ごらん》。
さて智恵《ちゑ》のない地盤さね、
まるでこれや女ごころの沙浜《すなはま》だ。
そうれ！　風が吹けば沙丘《さきう》
波が荒れれば洲《す》……」
メフィスト双手《もろて》をひろげて風と波との身ぶりよろしく闊歩《くわつぽ》す。

＊メフィストフェレス　ドイツのファウスト伝説に登場する悪魔。

「……どうです。
僕がかうちよつと歩いただけでも、
何と！　少々は揺れませう。
これや一さう中空《なかぞら》へ建てた方がましだつた。
なるほどお城は立派さね、
今さら立退《たちの》くのは惜しいやうだ。
だが悪い事は言はない、
もういいかげんに立退いては！
それとも殿様！
お城の崩れる日を待つて
幽霊と心中なさるお心掛けですかい。
それもよからう、御随意だ。
私《わたし》は他人の意志は尊重しますからね。
おや、おや！
これやお気に触《さは》つたかな。

それではせいぜいおひとりでお泣きなさい。
たまにはしんみりひとりを知るのも身の為めです。
さやうなら。
陰気なところに長居は無用だ。
どうれ、ちよつと寄り道をして
あのしやれた一組を見て来ようか、
奴等《やつら》は全くしやれて居《ゐ》るよ——
泣きながら唇を吸ひ合つて霊《たましひ》とやらの傷を舐《なめ》あつてゐるのだからな……」
突然、騎士は立上り、長剣を抜きてメフィストを刺さんとす。
この時櫓《やぐら》はおもむろに少しづつ傾く事。
騎士は声を上げて呻《うめ》く。
見えざるところよりメフィストの哄笑《こうせう》聞ゆ。
騎士はよろめき倒れんとして僅《わづか》に剣によりて身を支《ささ》ふ。

熊

壺井繁治

三月なかばだというのに
今朝は珍しい大雪だ
長靴をはいて
雪の中をざくざく歩くと
これはまたわが足跡のなんと大きなこと
東京のまん中で熊になった
人間は居らぬか
人間という奴は居らぬか

＊**壺井繁治**（つぼい・しげじ）
一八九七（明治30）年、香川県小豆郡苗羽村（現・小豆島町）生まれ。早稲田大学中退。一九二三（大正12）年、萩原恭次郎や岡本潤らと詩誌『赤と黒』を創刊。その後、マルクス主義の立場をとる。以後数回にわたり検挙、投獄された。一九四二（昭和17）年、第一詩集『壺井繁治詩集』を刊行。戦後は新日本文学会の発起人となり、民主主義文学運動に貢献した。一九七五（昭和50）年、76歳で死去。

鬱鬱《うつうつ》

木坂　涼

ネコが
丸くなっている。
わたしが
それを囲む。

「太巻」

＊木坂　涼（きさか・りょう）
一九五八（昭和33）年、埼玉県東松山市生まれ。和光大学人文学部卒。高校時代から詩作を始める。一九八一〈昭和56〉年に第一詩集『じかんはじぶんを』を刊行。詩集に、『ツッツッと』（一九八六〈昭和61〉年、現代詩花椿賞）、『金色の網』（一九九六〈平成8〉年、芸術選奨文部大臣新人賞）など。エッセイ集のほか、絵本や児童文学の翻訳も多く手がけている。

雲

黒田喜夫

大抵のひとは
雲をながめるのが好きだろう
おれも好きだ
昔っから好きだ

それも
印象派の音楽家がフルートで
のんびり描いたような
晴れた日のぷかぷかした雲の様もよいが
嵐の前ぶれをみせて青黒く
乱れた雲が何よりだ

＊**黒田喜夫**（くろだ・きお）
一九二六（昭和元）年、山形県寒河江市生まれ。高等小学校卒業後、上京。プロレタリア文学に傾倒し、戦後は日本共産党に入党、郷里で農民運動に参加するが、結核を病み、療養所で創刊した回覧雑誌『篝火』から詩作をはじめる。その後、同人誌『詩炉』などの活動を経て、関根弘、菅原克己らとの『列島』に至る。一九五九（昭和34）年、第一詩集『不安と遊撃』を刊行、H氏賞を受賞。詩集に『地中の武器』（一九六二〈昭和37〉年）、『不帰郷』（一九七九〈昭和54〉年）。評論に『死にいたる飢餓』（一九六五

限りなく混沌としているようでいて
そのくせ
ひっしひっしとひとつになって
何処かへ移っているのだ

あいつらを見ていると
大声をあげたくなる

恐ろしい速度をもっているに違いない
恐ろしい断面をもっているに違いない
あいつらを
でかいドラムと
牛のように吠えるチューバとで
思い切りうたってやりたいものだ

〈昭和40〉年）など。一九八四（昭和59）年、58歳で死去。

牧歌

秋谷　豊

僕は牧場をながめていた
牧場をわたる風に吹かれて　子馬が二頭
　麓《ふもと》の村へと帰ってゆくのを
ながめていた

燃えるような草叢の夕暮に
白い通路が乾く
乾いたあとから
たのしそうにしっぽを振って
追ってゆく
やがて行きついた村の果に

＊秋谷　豊（あきや・ゆたか）
一九二二（大正11）年、埼玉県鴻巣町（現・鴻巣市）生まれ。日本大学予科中退。一九三八（昭和13）年、詩誌『千草』を創刊（一九四三年に『地球』と改題、戦後、一九五〇年に第三次を復刊する）。一九四六（昭和21）年には『純粋詩』を福田律郎らと創刊。一九四七（昭和22）年に第一詩集『遍歴の手紙』を出版。詩人のほか、登山家としての顔もあわせ持つ。二〇〇八（平成20）年、86歳で死去。

母のようなあかりが光っていよう
ああ　秋だ
林のなかにはまだ郭公《かっこう》がいて
美しい声で歌っているようだ

雪解　幼時

伊藤 整

雪が無くなつて
ああ　なんといふ　懐かしい　乾《かわ》いた街の土だらう。
あの弾力のない　さらさらして
いやになつてしまつた長い間の雪も
消えて　そのあとから土が乾いた日の夕がたに
みんなで　一歩二歩して遊ばう。
街の灯はきらりと暖く
藍色の靄《もや》のなかに　下駄《げた》の音が続いて
湯屋では賑《にぎ》やかな人声がし
活動の古くさい喇叭《らっぱ》が始まる頃に
母《か》あさんに呼ばれても

＊伊藤 整（いとう・せい）一九〇五（明治38）年、北海道松前町生まれ。中学校時代から詩作を始める。小樽高等商業学校を卒業後、中学校の教諭をつとめる。一九二六（大正15）年、詩誌『椎の木』の同人に加わり、第一詩集『雪明りの路』を刊行。その後は小説に移行。戦後、『日本文壇史』、『女性に関する十二章』その他、小説、評論、エッセイなどを発表し、活発な執筆活動をつづける。一九六九（昭和44）年、64歳で死去。

夕ごはんに遅くなつても
賑やかな馬車の往来する中で
一歩二歩*をして街の上をとび廻らう。

＊一歩二歩　子どもの遊戯。

童児群浴

村山槐多

黒き玻璃《はり》の山脈、赤き血の滴《しづく》
げせぬ鋭き天のときの声
これらみな紫の異常になげく
夏の午後の一とき

薄紫、赤、黄は透明を伝染し
天地にみなぎりたり
硫黄泉《いわうせん》は地底をつたふ
美しき湯気の香はする

この時太陽は血潮の「能」を舞ひ

＊村山槐多（むらやま・かいた）
一八九六（明治29）年、愛知県額田郡岡崎町生まれ。中学二年生頃から文芸に親しみ、ボードレールやランボーなどを読み耽った。また、従兄である画家の山本鼎の影響により幼い頃から絵画に触れ、中学時代には校内で個展を開催。卒業後は日本美術院に入る。水彩画『庭園の少女』、『カンナと少女』が院展に入選し、注目を浴びる。その後も数々の受賞を果たしたが、一九一九（大正8）年、スペイン風邪のため22歳で急逝。

この時童子《どうじ》等は大川に喜戯す
紫の渦巻きに
うつれる空に喜戯せり

黄金の童子等は赤く笑へり
一瞬にして食人びとにとらはるるばかりの恐れ
おしかくし勇ましく大笑す
天と地とうつしし水に

げに金属の童子等は
怪しく焼けしその頬に
無窮の笑《ゑみ》を帯ばしめつ水にとび入り
爬虫《はちゅう》の如く戯れつ

かくも眺《なが》めてわが胸は
薄青き珠玉の汗を宿し
この現象の惰《もの》うさに全神経は
焦げはててじつとおののく

童子の腹赤く輝く
五、六、七、美しき河水のそばに
おう赤き童子の群よ
太陽の祖先の如き赤さもて

真赤に童子は喜戯せり
黒き玻璃の山脈にほの赤き幻燈うつる
血の滴、低き天つたひてゆけば
天のときの声ものうく消えぬ

宝玉の如、ものみなは輝けり
さんらんたる思ひかや我をとり
わが眼をして大川の浅き底をも
深き天遠くに舞へる太陽をも慕はしむるは。

白い自由画

丸山 薫

「春」といふ題で
私は子供達に自由画を描かせる
子供達はてんでに絵具を溶くが
塗る色がなくて　途方に暮れる

ただ　まつ白な山の幾重《いくかさな》りと
ただ　まつ白な野の起伏《おきふし》と
うつすらした墨色の陰翳《かげ》の所々《ところどころ》に
突刺したやうな
疎林の枝先だけだ

＊丸山 薫（まるやま・かおる）
前出（↓24ページ）

私はその一枚の空を
淡いコバルトに彩つてやる
そして　誤つて
まだ濡れてゐる枝間に
ぽとり！　と黄色を滲ませる

私はすぐに後悔するが
子供達は却《かへ》つてよろこぶのだ
「ああ　まんさくの花が咲いた」と
子供達はよろこぶのだ

遊べこどもたち

運命について

谷川俊太郎

プラットフォームに並んでいる
小学生たち
小学生たち
小学生たち
小学生たち
喋りながら　ふざけながら　食べながら

〈かわいいね〉
〈思い出すね〉
プラットフォームに並んでいる
おとなたち

＊谷川俊太郎（たにかわ・しゅんたろう）
一九三一（昭和6）年、東京都杉並区生まれ。一九五〇（昭和25）年、豊多摩高校を卒業。同年、『文学界』に初めて詩を発表し注目を集める。一九五二（昭和27）年に第一詩集『二十億光年の孤独』を刊行。一九五九（昭和34）年、詩論集『世界へ！』を刊行。詩集、エッセイ集、絵本、翻訳書など多くの著作がある。詩作のほかに、脚本戯曲、作詞など、多方面で活躍。

おとなたち
おとなたち
おとなたち
見ながら　喋りながら　懐しがりながら

〈たつた五十年と五億平方粁*さ〉
〈思い出すね〉
プラットフォームに並んでいる
天使たち
天使たち
天使たち
天使たち
だまつて　みつめながら
だまつて　輝きながら

*粁　キロメートル。

こども

八木重吉

丘があつて
はたけが　あつて
ほそい木が
ひよろひよろつと　まばらにはえてる
まるいような
春の　ひるすぎ
きたないこどもが
くりくりと
めだまをむいて　こつちをみてる

＊**八木重吉**（やぎ・じゅうきち）
一八九八（明治31）年、東京都町田市に生まれる。東京高等師範学校を卒業し、英語の学校教員として兵庫県に赴任。この頃から詩歌に関心を覚え、詩と短歌を書き始める。一九二五（大正14）年、第一詩集『秋の瞳』を刊行。多数の詩誌に作品を発表し、草野心平と交流を持つが、肺結核と診断され、茅ケ崎の療養所に入院。一九二七（昭和2）年、29歳で死去。没後、病床で自ら編纂した第二詩集『貧しき信徒』が刊行される。

廻転鞦韆《かいてんしうせん》*

竹中 郁

子供たち！　よく廻つてるね
君等のあとを追うて
木の葉が鳥のやうに蹤《っ》いてゆく

その遠心力で
子供たち！
君等の無邪気を撒きちらすんだね

それでこの樹の多い公園は
明るくさはやかにさざめいてゐるんだね

*竹中 郁（たけなか・いく）
（略歴→126ページ）
*鞦韆《しうせん》　ブランコのこと。

こだまでせうか

金子みすゞ

「遊《あす》ばう」つていふと
「遊ばう」つていふ。

「馬鹿《ばか》」つていふと
「馬鹿」つていふ。

「もう遊ばない」つていふと
「遊ばない」つていふ。

さうして、あとで
さみしくなつて、

＊金子みすゞ（かねこ・みすず）
一九〇三（明治36）年、山口県大津郡仙崎村に生まれる。大津高等女学校を卒業したあと、下関の書店で販売員として働く。『赤い鳥』などの雑誌に接し、童謡を書き始める。西條八十に才能を認められ、雑誌『童話』に「砂の王国」や「大漁」などの作品を発表する。一九二六（大正15）年、童謡詩人会に入る。一九三〇（昭和5）年、26歳で自殺。一九八〇年代に遺稿集が刊行され、再評価が進む。

「ごめんね」っていふと
「ごめんね」っていふ。

こだまでせうか、
いいえ、誰でも。

メリーゴーラウンド

リルケ（高安国世・訳）

リュクサンブール公園

屋根もその影もいっしょにぐるぐると
しばらく回る色とりどりの
馬の一群、滅び去るまでには
ずいぶんかかるあのおとぎの国から来たのだろう。
なかには車を引いているのもあるが、
みんな勇ましい顔をしている。
怒ったような真赤《まっか》な顔をしたライオンもいっしょに回る、
そして時どき、白い象。

＊ライナー・マリア・リルケ（Rainer Maria Rilke）
一八七五年生まれ。ドイツの詩人。プラハに生まれる。プラハ大学、ミュンヘン大学で学び、学生のころから多くの詩、評論を書く。ルー・ザロメ、ロダンなどと交流し影響を受け、自らの詩を深めていった。ヨーロッパ各地を転々とし、第一次世界大戦に徴兵されるなど波乱の生涯を送る。代表作に『ドゥイノの悲歌』『オルフェイオスへのソネット』『マルテの手記』など。一九二六年、スイスにて51歳で死去。日本では広く親しまれており、堀辰雄、立原道造などに影響を与えた。

森の中そっくりに牡鹿も一匹、
ただその背には鞍《くら》が置かれ、
ちょこんと乗った小さな青服の女の子。

ライオンには白服の少年がまたがり
汗ばんだ手に手綱《たづな》を引きしめる、
だがライオンは歯をむき出し、舌をのぞかせている。

そして時どき、白い象。

馬にまたがって、次から次へどんどん通る。
明るい髪の少女たちもいる、馬で走るにはどうやら
もう大きすぎる少女たち。揺られながら
彼女らは目を上げ、あらぬかたを見やっている――

そして時どき、白い象。

それは終りを見つけようと一心不乱にいそぐ姿、
だがいつまでも回るばかりで、終点はない。
赤や緑や灰色がかすめて過ぎ、
小さな横顔が浮かんだかと思うまもなく過ぎて行く。
そして時どき、ちらり、こちらを向いて
笑う顔、幸福そうな、まぶしいばかりの笑顔、
息もつかず盲のように走るこの遊戯に空《むな》しくそそがれる微笑。

時の玩具

菊岡久利

都会には裏街があり
裏街には露路《ろぢ》々々がある
そこでは夕暮
貧乏人の子等が
わんわんと翅音《はおと》をたて
蚊柱《かばしら》のようにむれている

やがて子供等は
小《ち》っぽけな
竹筒の機関銃なんか抛《ほう》り出す
戦争ごっこなんか止める

＊菊岡久利（きくおか・くり）
一九〇九（明治42）年、青森県弘前市に生まれる。海城中学中退。アナーキストとして活動して何度も投獄される。横光利一に師事。一九三六（昭和11）年に第一詩集『貧時交』を刊行。詩集に『時の玩具』（一九三八〈昭和13〉年）、『見える天使』（一九四〇〈昭和15〉年）など。一九四八（昭和23）年には高見順らと雑誌『日本未来派』を創刊。また、戯曲『野鴨は野鴨』（一九四〇〈昭和15〉年）、小説『怖るべき子供たち』（一九四九〈昭和24〉年）など、戯曲や小説でも活躍。一九七〇（昭和45）年、61歳で死去。

なぜならば
そんなものは
本物の方がよつぽど面白そうだからだ
すると突然
そうだ突如として
天の一角から
金ピカの服を着た
小父《おじ》さんが現れる
小父さんは皆に云つた
——皆よ
これから小父さんが
紙芝居のように素的な
神様のお話をして上げよう
だが子供たちは

神様のお話もろくろく聴《き》いては居られない
長屋の家々の軒先きでは
神様よりももっと強いおふくろが
——まんま喰へ！』
——餓鬼イ！　まんまだよう！』と
この世の一大事を怒鳴っていたからだ

ナワ飛びする少女

藤原　定

半円の縄《なわ》が
天を小さく切つたとき
もう君は足許《あしもと》のそれを飛び

半円の輪が君の頭上を越えてき
君がまたそれを越える
たえず君をつつむ円球を形づくるために

そうして掬《すく》いとる天と地との交替から
生じる律動を　君の眼がかがやいて歌う
跳躍《ちょうやく》の中にこそ　生のよろこびがあると

＊藤原　定（ふじわら・さだむ）　一九〇五（明治38）年、福井県敦賀町（現・敦賀市）生まれ。一九二五（大正14）年、法政大学哲学科へ進んで三木清や谷川徹三に学ぶ。在学中から詩や小説を書き、詩誌『歴程』の同人となる。その後、南満洲鉄道に勤務し、満洲文壇で活躍する。一九四四（昭和19）年に第一詩集『天地の間』を刊行。戦後は法政大学の教授となる。詩集に『環』（一九八〇年〈昭和55〉年、日本詩人クラブ賞）、『言葉』（一九八九〈平成元〉年、現代詩人賞）など。一九九〇（平成2）年、85歳で死去。

少女よ
額が汗ばみ　頭髪がかるく叩いている
君を冷まし　君をなだめるように

三月十日、遊ぶ子供

藤井貞和

チ、遊ぶ
ヨ、どこで
コ、いたるところで
レ、戦火が見えるから
イ、見えるといけないから
ト、窓をとじて
チ、遊ぶ
ヨ、湯舟のなかでも
コ、机のまえでも
レ、おとなを脱ぎ
イ、青年を脱ぎ

＊藤井貞和（ふじい・さだかず）一九四二（昭和17）年、東京都生まれ。東京大学文学部卒。一九七二（昭和47）年、第一詩集『地名は地面へ帰れ』を刊行。詩集に『ことばのつえ、ことばのつえ』（二〇〇二〈平成14〉年、歴程賞、高見順賞）、『神の子犬』（二〇〇六〈平成18〉年、現代詩花椿賞、現代詩人賞）、『春楡の木』（二〇一二〈平成24〉年、鮎川信夫賞、芸術選奨文部科学大臣賞）など。国文学研究者（東京大学名誉教授）としての研究書や評論も多数、『源氏物語論』（二〇〇一〈平成13〉年）で角川源義賞を受賞。

ト、幼児が遊んでいる
チ、幼児だけが遊ぶ
ヨ、そう思えるようになってから久しい
コ、広場で
レ、受話器が鳴っていた
イ、あの電話はおそらく
ト、だれもとったことがない
グ、ああ遊んでいる
リ、広場のむこうから
コ、ろうせきが一本
グ、線を書いてくる
リ、二本になる
コ、ろうせきが遊ぶ
パ、遊んでいるなあ

イ、ゆうがたには
ナ、つぎつぎに
ツ、湯舟が遊ぶ
プ、湯舟はどこへ行く
ル、幼児をのせて
パ、戦火のなかで
イ、溶けてゆくなあ
ナ、あの白い背中は
ツ、今日の俺とかわらない
プ、三十数年後、風呂場を出る
ル、机のまえにすわって書く
チ、あと三十分たつと
ヨ、三月十日が来る
コ、日は「来る」、時は「たつ」

レ、ああ日も時も
イ、みごとに遊んでいるなあ
ト、机が遊ぶ
チ、時は「歩む」ともいうなあ
ヨ、俺はのろのろと立つ
コ、いしばいをくれ
レ、じゅうたんにライン引きで字をいっぱいに
イ、まっしろに
ト、壁という壁は
パ、お米でまっかにして
イ、ケンケンケン
ナ、深夜が遊んでいる
ツ、シクラメンはぐったりしている
プ、おしっこをほしいといっている

ル、そう思えるようになってから久しい
グ、ああまた受話器が鳴る
リ、おちんちんがむぎゅむぎゅして
コ、また遊ぶ
グ、いたるところの
リ、手と
コ、足とが
グ、数百本、遊んでいる
リ、遊んでいるなあ
コ、うち込んで

紙風船

黒田三郎

落ちて来たら
今度は
もっと高く
もっともっと高く
何度でも
打ち上げよう

美しい
願いごとのように

＊黒田三郎（くろだ・さぶろう）一九一九（大正8）年、広島県呉市生まれ。旧制高等学校に在学した頃から、欧米文学に関心を覚え、北園克衛主宰の雑誌『ＶＯＵ』に寄稿。東京帝国大学経済学部に入る。戦中は、ジャワ島などで工場の管理をつとめる。帰国後、記者としてＮＨＫに就職。一九四七（昭和22）年、田村隆一、鮎川信夫らと詩誌『荒地』を創刊。一九五四（昭和29）年に刊行した詩集『ひとりの女に』でＨ氏賞を受賞。一九八〇（昭和55）年、60歳で死去。

シヤボン玉

ジヤン・コクトー（堀口大学・訳）

シヤボン玉の中へは
庭は這入《はひれ》ません
まはりをくるくる廻つてゐます

＊ジャン・コクトー
（Jean Cocteau）

フランスの詩人、一八八九年パリ近郊のメゾン＝ラフィットに生まれる。詩人としてだけではなく、その活動は芸術全般にわたった（小説家、劇作、評論、画家、映画監督、脚本）。代表作に小説『恐るべき子供たち』（一九二九年）など。一九六三年、74歳で死去。一九三六（昭和11）年に一度来日している。

忘れもの

高田敏子

入道雲にのって
夏休みはいってしまった
「サヨナラ」のかわりに
素晴しい夕立をふりまいて

けさ　空はまっさお
木々の葉の一枚一枚が
あたらしい光とあいさつをかわしている

だがキミ！　夏休みよ
もう一度　もどってこないかな

＊高田敏子（たかだ・としこ）
一九一四（大正3）年、東京市日本橋区（現・東京都中央区）に生まれ。跡見女学校在学中から詩作を始める。一九五四（昭和29）年、第一詩集『雪花石膏』を刊行。一九六〇（昭和35）年から三年ほど『朝日新聞』に詩を連載、この連載により一九六一（昭和36）年に第一回竹内俊子賞を受賞。一九六六（昭和41）年、詩誌『野火』を創刊し生涯主宰する。詩集に『藤』（一九六七〈昭和42〉年、室生犀星賞）、『夢の手』（一九八六〈昭和61〉年、現代詩女流賞）など。一九八九（平成元年）、74歳で死去。

忘れものをとりにさ

迷子のセミ
さびしそうな麦わら帽子
それから　ぼくの耳に
くっついて離れない波の音

鉄棒㈡

村野四郎

僕は地平線に飛びつく
僅に指さきが引つかかつた
僕は世界にぶら下つた
筋肉だけが僕の頼みだ
僕は赤くなる　僕は収縮する
足が上つてゆく
おお　僕は何処へ行く
大きく世界が一回転して
僕が上になる
高くからの俯瞰
ああ　両肩に柔軟な雲

＊村野四郎（むらの・しろう）一九〇一（明治34）年、東京府北多摩郡（現・東京都府中市）生まれ。父や兄たちも俳句、短歌、詩をつくる文学一家の四男として育つ。慶應義塾大学在学中にドイツ詩に関心を抱き、新即物主義に近づく。一九二五（大正15）年、第一詩集『罠』刊行。一九三九（昭和14）年、ドイツの写真家によるスポーツの写真に詩を組み合わせた『体操詩集』を刊行して注目を浴びる。戦後の代表詩集に『亡羊記』（一九五九〈昭和34〉年）などがある。一九七五（昭和50）年、73歳で死去。

こども

池井昌樹

おもてどおりはぬれておりますくらいあかりもついておりますなにかなまなましいものがしきりにあきなわれているのですおもてどおりにたっているのはいまはないひとたちばかりもうふりかえれないひとたちをみながらぼくはそだってきましたぼくはたよりないこどもだからとおくでながめているだけですがながめあきるといっぽんの

*池井昌樹（いけい・まさき）一九五三（昭和28）年、香川県坂出市生まれ。二松学舎大学文学部卒。詩誌『歴程』同人。一九七七（昭和52）年、第一詩集『理科系の路地まで』刊行。『晴夜』（一九九七〈平成9〉年、歴程賞、芸術選奨文部大臣新人賞）。『月下の一群』（一九九九〈平成11〉年、現代詩花椿賞）などがある。

くろびかりする廊下を奔《はし》って
よく陽のあたるうらにわにでます
よく陽のあたるうらにわは
よく陽のあたるおとなりの
うらにわにもつながっていて
ぼくらはこっそりあそぶのです
おもてからならだれひとり
いちどもではいりしたことのない
だれもしらないおとなりの
こどもとあそんでいるのです

ジャンケン・マーチ

川崎　洋

ちっけった
じゃんけんしょ
きっきのきー
じゃんけんだ　やんしゅー
きっきっき
じゃんけんほかほかほっかいどう
あいこであめりかよおろっぱ
じっけった
じゃんけんじゃがいもちまいも
じゃんけんじゃがいもさつまいも
きゃーあんで

＊川崎　洋（かわさき・ひろし）一九三〇（昭和5）年、東京府荏原郡大井町（現・東京都品川区西大井）生まれ。西南学院大学英文科中退。一九五三（昭和28）年に、茨木のり子らと詩誌『櫂』を創刊。谷川俊太郎、中江俊夫、大岡信、吉野弘らが加わる。一九五五（昭和30）年、第一詩集『はくちょう』を刊行。詩集に、『ビスケットの空カン』（一九八七〈昭和62〉年、高見順賞）など。ラジオ、テレビなどの放送作家としても知られ、また合唱曲の作詞も多数手がける。二〇〇四（平成16）年、74歳で死去。

じゃすけんぽい
けいけいくす
きっきっぱっ
しゅっしゅっぽ
ほいーれ
はーぜっせっせ
えっとおー
えーろっえ
ぐーぐーぐっちょぱ
じゃらけつほい
じゃんけんしっ
じゃんけんち
いっちゃっち
ちっけん

じゃらけつぽん
ちょいちょいち
あらちゃちょい
ちっかほい
ちっかんぽ
ほっほっ
じゃんけんはいよ
じゃんけんせ
ちゃーろーえす
じゃんけんお
ゆいやーえす
じっけっと
じゃんけんぽいのほい
じゃんのえ

じゃこんのち
ちっけっほい
じゃすこんぺー
ちーにって
じっけっせ
ちんけんた
ちっとっせ
ほいらっせ
ちいてらせ
ちょいちょいのちょい
ちっけんほい
ちーよんえ
いーよんせ
ちっとんえ

じゃいけんぽん
じゃらけっちゃほい
じゃんまーけっつ
じゃーいーけーんし
じゃんけんもってほい
じゃんけんもってほし
いーんじゃんでほい
じゃんけぽっぽほい
いんちゃんぽい
じっちゃちょい
じゃんけんぱ
じゃんけんでほい
いんじゃんで
でっちんほい

あいこでしょ　しょうやのこ
じゃんけんでこい
じゃんけんさいのほい
りーしゃったっ
まーだーほい
じゃすけすほい
あいこいね　しつこいね
じゃいけんしょ
じゃんけんもってすっちょんほい
じいやんほい
じゃんけいほい　ほーれほい
えいさーほい
どんちーほい
こくさいしょ

じゃんけんぴーすがくいついた
じゃんけんおし
じゃんけんほす
じゃんけんざらめがすいきった
じゃんけんぽっくりげたしおふりたばこをいっぽんかいました
じゃんけんじゃがでてほっかいどう
ほっちんほい
しょしょでしょーねんせきじゅうじ
じゃんけんのこのこきのはっぱえびさん
ちーたからっぺ

（日本各地のジャンケンの掛け声）

夕焼け

吉田加南子

少女がなわとびをしています
一　二　三
四　五　六
七　八
九
十
十回とべれば　すぐ二十回です
二十とべれば　すぐ三十
それから　四十
四十五　五十　百
二百

＊吉田加南子（よしだ・かなこ）
一九四八（昭和23）年、東京都文京区生まれ。フランス文学者。学習院大学教授。父は詩人の吉田嘉七。学習院大学文学部フランス文学科卒。東京大学大学院を経てパリ第三大学大学院で学ぶ。詩集に『定本　闇』（一九九三〈平成5〉年、高見順賞）など。詩作のほか、翻訳や評論も多く発表している。

三百
五百
七百
千
千百
千二百
千五百
千五百一
千五百二
………
三千
三千十
三千十一
三千二十

………
四千五
四千六
四千七
四千八
………

少女はとびつづけます
もう　数はかぞえません
少女は
少女のなわは
数をはみだしてしまったのです
はみだして
しゅっしゅっ　と

なわでうちながら
少女は夕焼けのなかにはいります

夜
月が　校舎の破れた窓とあそんでいます

仕事

吉田加南子

見えるものを見ることが
わたしの仕事だ
貧血していないまっさらな朝
呼びあう声のあいだを横切る光
のばした指の先をとんでゆく白い鳥の大きな翼

こどもが線路を描《か》いている
列車のリズムで揺れる空気を
チョークでひっぱってゆく

＊吉田加南子（よしだ・かなこ）
前出（↓94ページ）

遠いところで子供達が歌つてゐる

百田宗治

遠いところで子供達が歌つてゐる、
道路を越して　野の向うに
その声は金属か何かの尖端《せんたん》が触れ合つてゐるやうだ。

一団になつて子供達が騒いでゐるのだ、
戦《いく》さごつこか何かをしてゐるのだ、
追つたり、追はれたり
組んだりほぐれたりして
青い草の上でふざけ合つてゐるのだ。

おお晴れわたつた空に呼応して、

＊百田宗治（ももた・そうじ）
一八八三（明治26）年、大阪市西区に生まれ。少年時代から短歌を作り、一九一一（明治44）年に歌集『愛の鳥』を刊行。詩作も始め、一九一五（大正4）年、詩集『最初の一人』を刊行。同年七月に個人雑誌『表現』を創刊、一九一八（大正7）年創刊の『民衆』へ合流し、詩集『ぬかるみの街道』を発表。民衆詩派詩人としての地位を確立。一九二六（大正15）年に詩誌『椎の木』を創刊。戦中には陸軍報道班員として中国へ渡り、現地で詩集『漢口風物詩』を刊行した。一九五五（昭和30）年、死去。

子供達の声が私の窓にきこえてくる、
遠い世界のもののやうにひびいてくる、
私の魂はそれに相応ずる、
そのひびきの一つ一つをきく、
はるかに支持し合ひ
保ち合ふ人生がきこえる、
おお私はその声をきいてゐる。

かくれんぼ

嶋岡　晨

木の中へ　女の子が入ってしまった
水たまりの中へ　雲が入ってしまうように
出てきても　それはもうべつの女の子だ
もとの女の子はその木の中で
いつまでも鬼を　まっている

＊嶋岡　晨（しまおか・しん）
一九三二（昭和7）年、高知県高岡郡窪川町（現・四万十町）生まれ。明治大学大学院文学研究科修了。一九五三（昭和28）年、大野純らと詩誌『貘』を創刊。一九五四（昭和29）年に第一詩集『薔薇色の逆説』を刊行。文学研究や評論、小説、翻訳等さまざまな分野で活躍。詩集に『乾杯』（一九九九〈平成11〉年、小熊秀雄賞）。『終点オクシモロン』（二〇一二〈平成24〉年、富田砕花賞）などがある。

石けり

天沢退二郎

こなごなに白く砕けたま昼のそらから
熱っぽいひかりが零《こぼ》れている……
ぼくは街路でひとり　石けりをやっていた
土瀝青《アスファルト》のうえにチョークでまるを描きそこへ小石を抛りこんでおいて
ぼくはぴょんぴょんと片足でとんだ
街には人の姿は見あたらなかった
なぜならそれはぼくの町だったからだ
ぼくの町に人などひとりもいないのだ
まっすぐな街路の両がわに門はいくつもしんとして並んでいた
門の内がわでくすぼけた樹木があつい息をついていた
一、二、三、ぼくは小石のあるまるへとびこんでつまさきで小石を動

＊天沢退二郎（あまざわ・たいじろう）
一九三六（昭和11）年、東京生まれ。東京大学仏文科卒。3歳から10歳までを満州で過ごす。一九四六年（昭和21）に帰国。中学生時代から宮沢賢治に傾倒し詩作を始める。東大在学中に第一詩集『道道』（一九五七〈昭和32〉年）を刊行。一九六四（昭和39）年に鈴木志郎康らと同人誌『凶区』を創刊。詩集に『Les Invisibles 目に見えぬものたち』（一九七六〈昭和51〉年、歴程賞）、『《地獄》にて』（一九八四〈昭和59〉年、高見順賞）、『幽明偶輪歌』（二〇〇一〈平成13〉

かした
そして静かに次のまるへけりこもうとして　ふと目をあげたそのとき
　ぼくは
まっすぐな街路のおくに　ぽつりとひとつ
黒い人影を見たのだ
なんということだぼくの町にほかに人のあるわけがない
あれはぼくの影だろうか　あれがぼくだろうか
いいや　あれはもちろんぼくではない
ぼくは目をこらし　それから踵でくるっとまわって見た
やはり見える黒い影があるいてくる
ぼくはくるっくるっとこまのように何度もまわっては街路のおくへ目
　をやった
そのうちにぼくのなかでガラスががたりと崩壊《くず》れちって
そこらいっぱいになったガラスの破片のそのひとつひとつに黒くちい

年、読売文学賞）など。宮沢賢治研究では、『校本宮沢賢治全集』『新校本宮沢賢治全集』の編纂に尽力する。フランス文学の翻訳のほか、『光《ひかり》車《ぐるま》よ、まわれ！』（一九七三〈昭和48〉年）、などファンタジー作家としても著名。

さな人の影がうつっている
ぼくはむちゅうで今度は逆まわりにくるっとひとつ回転した
そのとたんあたりは急にしんとしてガラスは消えくらくらとひかりの
　そそぐ街路のおくにあの人影などありはしなかった
白っぽい道のとおくで空気がかすかにゆらいでいるだけだ
ぼくは両手をだらんとさげてまだしばらくそっちを見やった
いま見えないということは見えなかったのだということとおんなじだ
つまりやはり誰もこなかったのだ
ぼくの町には人っ子ひとりいないのだ
門のなかの樹木のかげに家々は墓のように戸をおろしたまま
だまって目をとじて居睡っていた
町のすべてが光っていないくせに熱く白くまばゆかった
ぼくはまた石けりをした
むこうのまるへ狙いを定めて小石を抛りこみ

ぴょんぴょんぴょんと片足でとんだ
けれども何かがぼくのなかでちがっていた
もう石けりはあきたとぼくは思った
それでも石けりをやめてべつにどうするということもない
ぼくは小さくなったチョークを出して土瀝青《アスファルト》にもう一つ新しいまるを
　描いた

正午　丸ビル風景

中原中也

ああ十二時のサイレンだ、サイレンだサイレンだ
ぞろぞろぞろぞろ出てくるわ、出てくるわ出てくるわ
月給取の午休《ひる》み、ぷらりぷらりと手を振つて
あとからあとから出てくるわ、出てくるわ出てくるわ
大きなビルの真ッ黒い、小ッちやな小ッちやな出入口
空はひろびろ薄曇り、薄曇り、埃りも少々立つてゐる
ひよんな眼付で見上げても、眼を落としても……
なんのおのれが桜かな、桜かな桜かな
ああ十二時のサイレンだ、サイレンだサイレンだ
ぞろぞろぞろぞろ、出てくるわ、出てくるわ出てくるわ
大きいビルの真ッ黒い、小ッちやな小ッちやな出入口
空吹く風にサイレンは、響き響きて消えてゆくかな

＊中原中也（なかはら・ちゅうや）
前出（↓12ページ）

競馬

上林猷夫

スタートの右手の赤旗が高く上がった
出発のファンファーレが競馬場に鳴り渡り
スタンドの観衆は一斉に立ち上がる
黄色いテープが狭められ
騎手と馬は少しずつゲートの枠の中に追い込まれた
サッ！　とゲートが開くと
十六頭のサラブレッドが同時に飛び出す
第一コーナーから第二コーナーを廻り
第三コーナーを一団となって駆け去った時
ピンクの帽子を被った一人の騎手が

＊上林猷夫（かんばやし・みちお）　一九一四（大正３）年、北海道札幌市出身。同志社高等商業学校卒。『日本詩壇』同人。一九四二（昭和17）年、第一詩集『音楽に就て』を刊行。戦後創刊された『日本未来派』創刊同人。『都市幻想』（一九五二〈昭和27〉年）でH氏賞受賞。日本現代詩人会の理事長・会長を歴任、日本ペンクラブ名誉会員。二〇〇一（平成13）年、87歳で死去。

地面にたたきつけられていた
騎手のいない馬は
なおも両脇の馬を抜こうと
栗色の尻尾を長くなびかせながら一生懸命走った
どの騎手もはげしく馬に鞭を当てた
一団となって走っている馬の間に
一瞬微かなためらいが起きた
そしてそのままゴールへ雪崩れ込んだ
一分三十秒の勝負は終った
騎手のいない馬は
場内のどよめきの声を聞きながら
勝馬と同じように
馬場をゆるく走っていたが
ちらと後方に担架で運ばれて行く騎手の姿を見た

離ればなれになった馬と騎手の上に
小さくちぎられた馬券の花吹雪がしばらく散りかかった

わらべうた

大黒様〈手毬唄〉

大黒様《だいこくさま》と言う人は
一に俵ふんまえて　二ににっこり笑って
三に酒を造って　四つ世の中よいように
五ついつでもニコニコ　六つ無病息災に
七つ何事《なにごと》無いように　八つ屋敷を広《ひろ》めて
九つ紺屋《こうや》をおっ建てて　十で到頭《とうとう》福の神

巡礼お鶴〈手毬唄〉

一つかえ　柄杓《ひしやく》に笈摺《おいずる》杖《つえ》に笠　巡礼姿で父母《ちちはは》を　尋《たず》にょうかいな
二つかえ　補陀落《ほだらく》岸うつ三熊野《みくまの》の　那智《なち》さんお山は音高《おとたこ》う　響《ひび》こうかいな
三つかえ　見るよりお弓は立ち上り　小盆《こぼん》に精《しらげ》の志　進上かいな
四つかえ　ようこそ巡礼廻らんせ　定めし連れ衆《しゅ》は親御《おやご》達　同行《どうぎょう》かいな
五つかえ　いえいえ私は一人旅《ひとり》　父《とと》さん母《かか》さん顔知らず　逢いたいわいな
六つかえ　無理に差し出す草鞋銭《わらじせん》　少々ばかりの志　進上かいな
七つかえ　泣く泣く別れる我《わ》が娘　伸上《のびあが》り反上《すりあが》り見送って　去《い》なそうかいな
八つかえ　山越え海越え谷を越え　艱難《かんなん》して来た我《わ》が娘　去《い》なさりょかいな
九つかえ　九ツなる子の手を引いて　十郎兵衛《じゅうろうべ》館《やかた》の表口　連れ込もかいな
十かえ　徳島城下の十郎兵衛《じゅろべえ》は　我が子と知らずに巡礼を　送ろうかいな

おさらい〈お手玉唄〉

一月《いちがつ》落《おと》して落して落して　おさらーい
二月《にイがつ》　落して落して　おさらーい
おみんな　おさらーい
おてしゃみおてしゃみ　おさらーい
おはさみおはさみ　おさらーい
おちりンこおちりンこ　おさらーい
おーひー　らーり　らーり　らーりらり
ひとよせなかよせ　おさらーい
しもづけ　おさらーい
おッ手《てん》ぶーしおッ手《てん》ぶーし　ぶーしぶし
おさらーい　おー馬《ま》の　乗ーりかーえ
乗りかえチャン

おさらーい　かーがのー　がーりがりチャン
おさらーい　したはしくぐれ
おさらーい　おてーホー

こんこん小山の

北原白秋

こんこん小山《こやま》のお月《つき》さま、
ついたら二日《ふつか》はまだ小《ち》さい。
　仔馬《こうま》の耳《みみ》より
　まだ小《ち》さい。

こんこん仔馬も馬柵《ませ》の中《うち》、
一飛《ひとと》び、二飛《ふたと》び、まだ小さい。
　となりの兎《うさ》より
　まだ小さい。

こんこん小籔《こやぶ》の青葡萄《あおぶどう》、

＊北原白秋
（きたはら・はくしゅう）
一八八五（明治18）年、福岡県柳川市生まれ。早稲田大学予科を中退。幼少より島崎藤村『若菜集』を愛読し、詩歌を書き始める。『文庫』や『明星』などに短歌と詩を寄稿し、雑誌『朱欒《ザンボア》』などを創刊。第一詩集『邪宗門』で文壇に衝撃を与える。以後、詩集『思ひ出』や歌集『桐の花』などを刊行、詩と短歌の領域に跨いで旺盛な活躍をつづける。また鈴木三重吉主宰の『赤い鳥』の創刊に参加し、数多くの童謡を書く。一九四二（昭和17）年、57歳で死去。

一《ひと》つぶ、二《ふた》つぶ、まだ小さい。
仔馬の眼々《めめ》より
まだ小さい。

四丁目の犬

野口雨情

一丁目《ちょうめ》の子供《こども》
駈《か》け駈《か》け　帰れ

二丁目の子供
泣き泣き　逃げた

四丁目の犬は
足長犬《あしながいぬ》だ

三丁目の角《かど》に
こっち向いていたぞ。

＊野口雨情（のぐち・うじょう）
一八八二（明治15）年、茨城県多賀郡磯原町（現・北茨城市）生まれ。東京専門学校（現・早稲田大学）に入学し、坪内逍遥に師事するが中退、詩作を始める。郷里に戻るが、樺太、北海道を転々とする。一九一九（大正8）年、詩集『都会と田園』を刊行。児童雑誌『金の船』の初代編集長となり、童謡を次々と発表、藤井清水、中山晋平、本居長世らの作曲により、数多くの名作を残した。また創作民謡にも尽力し、数多くの民謡を作成した。一九四五（昭和20）年、63歳で死去。

しゃぼん玉

野口雨情

しゃぼん玉《だま》、とんだ。
　屋根《やね》までとんだ。
屋根までとんで、
　こわれて消えた。

しゃぼん玉、消えた。
　飛《と》ばずに消えた。
うまれてすぐに、
　こわれて消えた。

風、風、吹くな。
　しゃぼん玉、とばそ。

＊野口雨情（のぐち・うじょう）
前出（↓116ページ）

雨降りお月さん

野口雨情

一

雨降《あめふ》りお月《つき》さん
雲《くも》の蔭《かげ》
お嫁《よめ》にゆくときゃ
誰《たれ》とゆく
ひとりで傘《からかさ》
さしてゆく
傘ないときゃ

＊野口雨情（のぐち・うじょう）
前出（↓116ページ）

誰とゆく
シャラ　シャラ　シャン　シャン
鈴《すず》つけた
お馬にゆられて
濡《ぬ》れてゆく

二

いそがにゃお馬よ
夜《よ》が明《あ》ける
手綱《たづな》の下から
ちょいと見たりゃ

お袖《そで》でお顔《かお》を
隠《かく》してる

お袖は濡れても
干《ほ》しゃ乾《かわ》く

雨降りお月さん
雲の蔭

お馬にゆられて
ぬれてゆく

明日

室生犀星

明日もまた遊ばう！
時間をまちがへずに来て遊ばう！
子供は夕方になつてさう言つて別れた、
わたしは遊び場所へ行つて見たが
いい草のかほりもしなければ
楽しさうには見えないところだ。
むしろ寒い風が吹いてゐるくらゐだ。
それだのにかれらは明日もまた遊ばう！
此処へあつまるのだと誓つて別れて行つた。

＊室生犀星（むろう・さいせい）一八八九（明治22）年、石川県金沢市生まれ。金沢高等小学校を中途退学し、地方裁判所で給仕として勤務しながら、俳句と詩を書く。一九一〇（明治43）年、上京。北原白秋主宰『朱欒《ザンボア》』に詩篇を寄稿。一九一八（大正7）年、『抒情小曲集』を刊行。一九三〇年代から小説を書き始める。戦後の代表長編『杏つ子』で読売文学賞を受賞。一九六二（昭和37）年、72歳で死去。

ことば遊び／ことばの実験室

あの道ノ早春

安西冬衛

『アスコ　マワツテタ？』
『マワツテタ』

Merry-go-Round

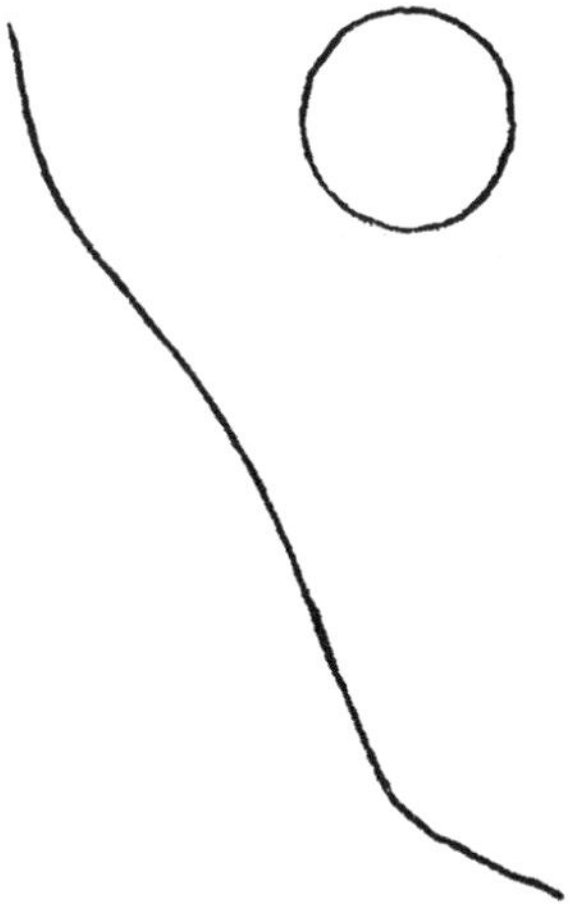

Umbrella

＊安西冬衛（あんざい・ふゆえ）一八九八（明治31）年、奈良市水門町生まれ。大阪府立堺中学校卒。父の転勤にともない、一九一九（大正8）年、大連に移り、このころ詩作を始める。一九二一（大正10）年、満鉄に入社。一九二四（大正13）年、北川冬彦らと詩誌『亜』を創刊。一九二八（昭和3）年『詩と詩論』創刊に参加。翌年、第一詩集『軍艦茉莉』を刊行。一九六五（昭和40）年、67歳で死去。

ラグビイ（三つのシネポエムより）

竹中 郁

アルチユウル・オネガ作曲

1 寄せてくる波と泡とその美しい反射と。

2 帽子の海。

3 Kick《キック》 off《オフ》！ 開始だ。靴の裏には鋲《びやう》がある。

4 水と空気とに溶《と》解けてゆく球《ボール》よ。楕円形《だゑんけい》よ。石鹸《サボン》の悲しみよ。

5 《あつ　どこへ行《ゆ》きやがつた》

＊竹中 郁（たけなか・いく）一九〇四（明治37）年、兵庫県神戸市に生まれる。関西学院英文科在学中の一九二三（大正13）年に詩誌『羅針』を創刊。一九二六（大正15）年、第一詩集『黄蜂と花粉』を刊行。一九二八（昭和3）年から二年間ヨーロッパを外遊して前衛芸術に触れ、シネポエムの方法でモダニズム詩を代表する詩人となる。一九三三（昭和8）年、詩誌『四季』の同人となる。戦後には児童詩雑誌『きりん』を創刊。一九八二（昭和57）年3月7日、77歳で死去。

6

脚《あし》。ストッキングに包《つつ》まれた脚が工場を夢みてゐる。

7

仰《あふ》ぎみる煙突が揃つて石炭を焚《た》いてゐる。雄大《いうだい》な朝をかまへてゐる。

8

俯向《うつむ》いてゐる青年。考へてゐる青年。額に汗を浮かべてゐる青年。叫んでゐる青年。青年。青年。青年はあらゆる情熱の雨の中にゐる。喜ぶ青年。日の当つてゐる青年。

9

美しい青年の歯。

10

心臓が動力《どうりよく》する。心臓の午後三時。心臓は工場につらなつてゐる。飛んでゐるピストン。

11 昇る圧力計。

12 疲労する労働者。鼻孔《びかう》運動。

13 タツクル。横から大きな手だ。五本の指の間《あひだ》から、苔《こけ》のやうな人間風景。

14 人間を人間にまで呼び戻すのは旗《はた》なのです。旗の振幅《しんぷく》。（忘れてゐた世界が再び眼前《がんぜん》に現れる。）三角なりの旗。悪の旗。

15 工場の気笛《きてき》。白い蒸気《じやうき》。白《しろ》い蒸汽の噴出《ふんしゆつ》、花となる。

16 見えぬ脚に踏みつけられて、起きつづける草の感情。中に起きられない草。風、日に遠い風のふく地面。

17　ドリブル六秒。ころがる球《ボール》。雨となるベルトの廻転《くわいてん》。

18　汗をふいて溜息する青年。歪《ゆが》んでゐる青年。《球《ボール》は海が見たいのです。》

19　伸び上る青年。松の尖《とが》つた枝々《えだえだ》。

20　密集《スクラム》！　機械の胎内《たいない》。がつちりと喰《く》ひ合つてゆく歯車。

21　ぐつたりとする青年。機械の中へ食はれてゆく青年。深い深い睡眠《ねむり》に落ちこむやうに。

22　何《なに》を蹴つてゐるのだらう。胴から下ばかりの青年。

（ああ僕は自分の首を蹴つてゐる。）

23　Try《トライ》！

24　旗、旗旗旗。

25　わつと放たれた労働者の流れが、工場の門から市中《しちゆう》さして。夕闇《ゆふやみ》のやうに黒い服で。

26　飛んでゆく新聞紙、空気に海月《くらげ》と浮いて……。

27　踏切がしまる。近東行急行列車《きんとうゆききふかうれつしや》が通りすぎる。全《まつた》く夜。

28　落ちてゐる首。（どこかで見た青年だ。）

29　太鼓《たいこ》の擦《す》り打ち、鈍く、鈍く。

30　雨だ、雨だ。

黒い距離

une bagatelle à 1950

北園克衛

湿つた偶像
の
光る
岸
に風化する
巨大な貝
の
影
その
線

＊北園克衛（きたぞの・かつえ）
一九〇二（明治35）年、三重県度会郡四郷村大字朝熊（現・伊勢市朝熊町）生まれ。中央大学経済学部卒。前衛芸術誌『ゲエ・ギムギガム・プルルル・ギムゲム』、『MAVO』等で実験的な作品を発表。モダニズムを代表的する詩人。一九二九（昭和4）年、第一詩集『白のアルバム』を刊行。一九三五（昭和10）年にはVOUクラブを結成して機関誌『VOU』を創刊主宰、詩的実験の場とした。詩や小説、評論のほか、デザイナーとしても活躍。一九七八（昭和53）年、75歳で死去。

その
尖つた骨片
のため
の
鉛
の
太陽

赤い縞
のある
曖昧な噴水
また
は人間
の

把手

その
髭
の
証明の
口
に詰められ
た
青い絵具

かっぱ

谷川俊太郎

かっぱかっぱらった
かっぱらっぱかっぱらった
とってちってた

かっぱなっぱかった
かっぱなっぱいっぱかった
かってきってくった

＊谷川俊太郎
（たにかわ・しゅんたろう）
前出（↓61ページ）

記号説

北園克衛

★

白い食器
花
スプウン
春の午後3時
白い
白い
赤い

★

プリズム建築
白い動物

＊北園克衛（きたその・かつえ）
前出（↓132ページ）

空間
★
青い旗
林檎と貴婦人
白い風景
★
花と楽器
白い窓
凬
★
貝殻と花環
スリッパの少女
金糸鳥の熟れる汽船のある肖像
★

温室の少年
遠い月
白い花
白い

★

化粧と花火
人形のある青い窓
白い靴下
美学
白い美学

★

銀色立体人形
銀色立体人形
花と鏡

静力学
★
白色建築
遠い郊外の空
遠い
★
空
海
屋上庭園
煙草をすふ少年白い少年
1人
空間
★
魔術する貴婦人の魔術する銀色の少年

魔術する貴婦人の魔術する銀色の少年
赤い鏡に映る
赤い鏡に映る
白い手と眉と花
私
空間

★

青い空
なにも見えない
なにも見えない
白い家

★

白い遠景
淡い桃色の旗

絶望

★

白い少年

遠い空

ヒヤシンス

窓

白い風景

★

明るい生活と僕です

明るい思想と僕です

透明の悦楽と僕です

透明の礼節と僕です

新鮮な食欲と僕です

新鮮な恋愛と僕です

青い過去の憶ひ出は
みんなインキ瓶に詰めてすてました

★

力学は暗い
植物は重い

★

白い食器
花束と詩集
白い
白い
黄色い

★

白い住宅
白い

桃色の貴婦人
白い遠景
青い空
★
トランペットの貴公子はみんな赤いハンカチをかぶつてゐる
★
夜会服
夜会服
夜会服
夜会服
夜会服
面白くない

時間割

寺山修司

これは定期入れにいれて携行すること。

〈遊び方〉
コンクリートの路上にチョークで書き、石けりの要領であそんでください。
跳んだ順序に読みつなぎ、〈詩〉を経験してみることができれば成功です。

系譜学	二死満塁	ミッキーマウス	匙の起源
大審問官	単一の	古典という名の猫	書物戦争
毛	王国	犯罪商会	浴槽の修理人

＊寺山修司（てらやま・しゅうじ）
一九三五（昭和10）年、青森県弘前市生まれ。県立青森高等学校を経て、早稲田大学教育学部に入る。この頃から短歌をつくり、在学中に『短歌研究』の新人賞を受ける。一九五八（昭和33）年に第一歌集『空には本』を刊行。以後、詩歌のほかに、評論、エッセイ、放送詩劇やシナリオなどの執筆、演劇実験室「天井棧敷」での活動、映画製作などの幅広い活動を展開。一九八三（昭和58）年、47歳で死去。

過去進行形	青少年のためのレスリング入門	その後の老人探偵団	人名簿	理髪の儀式	世界一の剃刀とぎ	人生相談
メニエル氏	嘘発見器	帽子の歴史	キルリー鳥	皇后の手淫	血液型	ピタゴラスの定理
屠殺肉	髭の考察	義眼工学	感染呪術	二十人の名付親	ガリガリ博士	バイ貝のソース煮
相似照応論	名演奏家の時間	人力飛行機	双生児の研究	賭博大全	阿片	中世手相術

或る筆記通話

高村光太郎

おほかみのお――レントゲンのれ――はやぶさのは――まむしのま
――駝鳥のだ――うしうまのう――ゴリラのご――河童のか――ヌル
ミのぬ――うしうまのう――ゴリラのご――くじらのく――とかげの
と――きりんのき――はやぶさのは――獅子のし――ヌルミのぬ――
とかげのと――きりんのき――をはり

＊高村光太郎（たかむら・こうたろう）
一八八三（明治16）年3月13日、東京市下谷区（現・東京都台東区）生まれ。東京美術学校で彫刻を学ぶ。同時に与謝野鉄幹と接近し、短歌を書き始める。一九〇六（明治39）年から欧米で三年留学。一九一四（大正3）年、詩集『道程』を刊行し、長沼智恵子と結婚。一九四一（昭和16）年に『智恵子抄』を出版。一方、戦時中は戦争詩を多数書く。戦後、岩手県花巻で疎開、独居生活を送る。一九五六（昭和31）年、73歳で死去。

輪舞

寺山修司

1　猫が三匹死んだ
一匹は恋で
一匹　恋で
一匹も恋で

2　猫に恋された少年は歯科病院に通ってた　女医の美しい目が忘れられないで

3　少年に恋された女医はテーブルの上で自転車競争を見物していた
おお！　毛深いジャック！

＊寺山修司（てらやま・しゅうじ）
前出（↓144ページ）

4　女医に恋された競輪選手のジャックは、書物の中に入ってゆきたいが入口が見つからない
「アリスはどこだ？
鏡の国の査証をおくれ！」

5　競輪選手のジャックに恋されたアリスはテント虫を煮ていた
腹話術のおじさんに御馳走するために

6　アリスに恋された腹話術師のおじさんは曲馬団の大山デブコのためにまたずれクリームを探しまわっていた

7　腹話術のおじさんに恋された曲馬団の大山デブコの談話。「あたしったら、お金ちゃんに首ったけ！　お金第一、心は第二」

8　曲馬団の大山デブコに恋されたお金は、新しい財布のことばかり思っていた
「鰐《わに》だといいんだがな」

9　お金に恋された鰐は、浴槽の中でアフリカに残してきた一匹の蠅のことを想いながら泣いていた

10　鰐に恋された蠅は生意気にもサンドラ・ミーロの口の中にあこがれていた
「欠伸したらとびこんでやる！」

11　一匹の蠅に恋されたサンドラ・ミーロは今日も手淫の最中で「ああ、お月さまがやせる、お月さまがやせる………すてきな哲学青年はいないかしら」

12
サンドラ・ミーロに恋された哲学青年は今日も自殺のための一〇一の方法を検討中！　食い死にしたい、豚のように

13
そんな訳でみんな忙しすぎて
誰も
水の中の少女と遊んでくれないのです

さかさま

有馬 敲

しんぶんし を
　さかさまによんだら
しんぶんし は
　やっぱり しんぶんし

たけやぶやけた
　はんたいにいったら
たけやぶやけた は
　やっぱり たけやぶやけた

いかたべたかい

＊有馬 敲（ありま・たかし）
一九三一（昭和6）年、京都府南桑田郡（現・亀岡市）に生まれる。同志社大学経済学部卒。一九六二（昭和37）年、大野新、清水哲男らと詩誌『ノッポとチビ』を創刊。主な著作に、詩集に『贋金つくり'63』（一九六三〈昭和38〉年）、『有馬敲詩集』（一九八八〈昭和63〉年）。評論に『替歌研究』（二〇〇〇〈平成12〉年。小説に『バグダッドへの道』（二〇〇三〈平成15〉年）など。スペインのアトランチダ賞を東洋人として初めて受賞する。

うしろからたずねたら
いかたべたかい　は
　やっぱり　いかたべたかい

るすになにする
　やまのこだまにきいたら
るすになにする　は
　やっぱり　るすになにする

冬眠

草野心平

●

＊草野心平（くさの・しんぺい）一九〇三（明治36）年、福島県石城郡上小川村（現・いわき市）生まれ。慶應義塾普通部を中退し、一九二一（大正10）年、中国の嶺南大学に留学。この頃、欧米の詩に惹かれ、詩作を始める。中国で活動を続けたが、一九二五（大正14）年帰国。一九二三（大正12）年、詩集『廃園の喇叭』を刊行。帰国後、詩誌『銅鑼』を創刊し、以後、高村光太郎や宮沢賢治と交流。詩誌『歴程』を創刊するなど、精力的な活動をつづける。『定本　蛙』（一九四八〈昭和23〉年）で読売文学賞受賞。一九八八（昭和63）年、85歳で死去。

ごびらっふの独白

草野心平

るてえる　びる　もれとりり　がいく。
ぐう　であとびん　むはありんく　るてえる。
けえる　さみんだ　げらげれんで。
くろおむ　てやらあ　ろん　るるむ　かみ　う　りりうむ。
なみかんた　りんり。
なみかんたい　りんり　もろうふ　ける　げんけ　しらすてえる。
けるぱ　うりりる　うりりる　びる　るてえる。
きり　ろうふ　ぷりりん　びる　けんせりあ。
じゆろうで　いろあ　ぼらあむ　でる　あんぶりりよ。
ぷう　せりを　てる。
りりん　てる。

＊草野心平（くさの・しんぺい）
前出（↓153ページ）

ぼろびいろ　てる。
ぐう　しありる　う　ぐらびら　とれも　でる　ぐりせりや　ろとう
る　ける　ありたぶりあ。
ぷう　かんせりて　る　りりかんだ　う　きんきたんげ。
ぐうら　しありるだ　けんた　るてえる　とれかんだ。
いい　げるせいた。
でるけ　ぷりむ　かににん　りんり。
おりぢぐらん　う　ぐうて　たんたけえる。
びる　さりを　とうかんてりを。
いい　びりやん　げるせえた。
ばらあら　ばらあ。

日本語訳

幸福といふものはたわいなくつていいものだ。

おれはいま土のなかの靄《もや》のやうな幸福につつまれてゐる。
地上の夏の大歓喜《だいかんき》の。
夜ひる眠らない馬力のはてに暗闇のなかの世界がくる。
みんな孤独で。
みんなの孤独が通じあふたしかな存在をほのぼの意識し。
うつらうつらの日をすごすことは幸福である。
この設計は神に通ずるわれわれの。
侏羅紀《ジュラ》の先祖がやつてくれた。
考へることをしないこと。
素直なこと。
夢をみること。
地上の動物のなかで最も永い歴史をわれわれがもつてゐるといふこと
は平凡ではあるが偉大である。
とおれは思ふ。

悲劇とか痛憤とかそんな道程のことではない。
われわれはただただわいないない幸福をこそうれしいとする。
ああ虹が。
おれの孤独に虹がみえる。
おれの単簡な脳の組織は。
言はば即ち天である。
美しい虹だ。
ばらあら　ばらあ。

電車

辻 征夫

線路《レール》！
といきなり
いわれたらなにを連想するか
十八才のとき
年長の詩人に問われた
電車！　と
即座にこたえたのは
即座に電車を連想したからだ
だがそれは
詩人の感覚とはいえまい
詩人ならもっと内部の混沌から

＊辻 征夫（つじ・ゆきお）一九三九（昭和14）年、東京市浅草区（現・東京都台東区浅草）生まれ。明治大学文学部仏文科卒。15歳の頃より詩作を始め雑誌に投稿。一九五九（昭和34）年、詩誌『銛』の創刊に参加。一九六二（昭和37）年、第一詩集『学校の思い出』を刊行。『かぜのひきかた』、『天使・蝶・白い雲などいくつかの瞑想』（ともに一九八七〈昭和62〉年、後者は歴程賞）。『ヴェルレーヌの余白に』（一九九〇〈平成2〉年、高見順賞）など。二〇〇〇（平成12）年、脊髄小脳変性症の闘病中に死去。

閃く言葉で
ねまきのひも！　とか
なにか　そんなものを
連想してしかるべきじゃないか
一笑に付され　ぜつぼうし
以来ぼくは詩人にはなれずに
線路《レール》といえば電車
電車といえば車掌さんとか
駅長の奥さんのＰＴＡの
役員立候補などを
連想する感覚を保っている

ところで詩人はいま
なにを連想しただろうか
漫画だな？　では
詩人とはいえまい

カット＝辻憲

むかしばなしのはなしおさめ

川崎 洋

ちゅうはなしをきいとります
めでたしめでたし
そればっちり
むかしこっぽり
むかしこっぽりとびのくそ
しまい
どんとはれ
いちごさけぶいぶい
いちごさけさんだわら
いちごさけあまさけわいたらのんでくれ
いちごさけぶらーんとさがった

＊川崎 洋（かわさき・ひろし）
前出（↓87ページ）

いちごさっけどんぺんぐらりん
いちごさっけえどんべんぐらりんなべのしたがらがらねこのしっぽき
つきつ
いちござけろっぺんぐらりん
いちごがぶらぶらさんげえったやなぎにどんぼがとまったかえるがの
んでしもた
いちごさっかえなべのしたがりがりおけのそこぽんぽん
いちごさっかえてんぺんぐらりん
いちごさけもうしたなべのしたがちゃがちゃ
いちごもっこぶらーんとさがった
いきがぽーんとさけた
やまにひがくれたきつねがこんこん
いっこむかしがつっつあけた
いっちゃもっちゃふっつあけた

つづきそうろう
それっきり
いっちこもっこさがった
どんぴんからりんすっからりん
どろびん
どろびんさんすけ
とーびんところ
どんびんさんすけさるまねぐ　さるのまなぐ　にけがはえて　けんけ
んけぬきでぬいたらば　まっかっかっかのちができた
とーびんと
とーびったり
むかしどーびん
むかしとーびんさんすけびったりかまのふた　はいでみがけばええぎ
んたま　なあさんすけ　ふんはい

むかしとーぴったり
きまりきんちゃくねこのふんどし
そうらいごんぼ
しょうらいごんぼまめのはなよごし
そんなはなし
こんでえんつこもんつこさげだどや
こっぽし
それむかしこっぽり
とんとむかしこっぽし
これでこっぽりやまのいも
こんでそろけん
きりとんぼ
すっぽろけ
そろけんどっぽんはいだわら

すんだりけっちょりはいだわらかぶれ
さるのけつはいだわら
そんでけっちり
きんたんぽろりんいんのくそ
そろけんはいだわらねこのけつははいだらけ
むかしゃむこうへとんではなしゃはなへとんだ
それだけ
どうか
はなしゃ　にゃ　うんぶん　だりよん
うれぃや　うがさ
なー　うんし　しまいでろ

漢字喜遊曲

吉野 弘

往と住

この世を往かなくてはなりません
この世に住んだものは誰でも

失と矢

いずれ失われること
それが矢の身上

＊吉野 弘（よしの・ひろし）
一九二六（大正15）年、山形県酒田町（現・酒田市）生まれ。一九四四（昭和19）年、徴兵検査に合格するが、入営五日前に敗戦となる。一九五二（昭和27）年、『詩学』に「I was born」が掲載され脚光を浴びる。翌一九五三（昭和28）年から詩誌『櫂』に参加。一九五七（昭和32）年、第一詩集、『消息』を刊行。詩集に『感傷旅行』（一九七一〈昭和46〉年、読売文学賞）、『自然渋滞』（一九八九〈平成元〉年、詩歌文学館賞）など。また合唱組曲『心の四季』などの作詞でも知られる。二〇一四年（平成26年）、87歳で死去。

香と杳

香りの主成分は
杳《はるか》さへの誘惑です

花と苑と死

花
花死
花花花
花花死花
苑苑苑苑苑
死死死死
死死死
死死
死

方言辞典

茨木のり子

よばい星　　それは流れ星
いたち道　　細い小径
でべそ　　　出歩く婦人
こもかぶり　密造酒
ちらんぱらん　ちりぢりばらばら

のおくり
のやすみ
つぼどん
ごろすけ

＊茨木のり子（いばらぎ・のりこ）一九二六（大正15）年、大阪市東淀川区（現・淀川区）生まれ。帝国女子医学・薬学・理学専門学校（現・東邦大学薬学部）卒。一九四六（昭和21）年、戯曲「とほつみおやたち」が読売新聞戯曲第一回募集で佳作に選ばれる。その後詩に転じ、一九五三（昭和28）年、川崎洋と詩誌『櫂』を創刊。一九五五（昭和30）年、第一詩集『対話』を刊行。以後『見えない配達夫』（一九五八〈昭和33〉年）、『自分の感受性くらい』（一九七七〈昭和51〉年）などの詩集のほか、詩論、エッセイ集など多数の著作を発表する。一九

考えることばはなくて
野兎の目にうつる
光のような
風のような
つくしより素朴なことばをひろい
遠い親たちからの遺産をしらべ
よくよく眺め
貧しいたんぼをゆずられた
長男然と　灯の下で
わたしの顔はくすむけれど
炉辺にぬぎすてられた
おやじの
木綿の仕事着をみやるほどにも

九〇（平成2）年には翻訳詩集『韓国現代詩選』で読売文学賞を受賞。二〇〇六（平成18）年、79歳で死去。

おふくろのまがった背中を
どやすほどにも
一冊の方言辞典を
わたしはせつなく愛している

五十音

北原白秋

これは単に語呂を合せるつもりで試みたのではない、各行の音の本質そのものを子供におのづと歌ひ乍らにおぼえさしたいがためである。

水馬《あめんぼ》赤《あか》いな。ア、イ、ウ、エ、オ。
浮藻《うきも》に小蝦《こえび》もおよいでる。

柿《かき》の木《き》、栗《くり》の木《き》。カ、キ、ク、ケ、コ。
啄木鳥《きつつき》こつこつ、枯れけやき。

大角豆《ささげ》に酢《す》をかけ、サ、シ、ス、セ、ソ。
その魚浅瀬《うをあさせ》で刺しました。

＊北原白秋
（きたはら・はくしゅう）
前出（↓114ページ）

立ちましよ、喇叭《らつぱ》で、タ、チ、ツ、テ、ト。
トテトテタツタと飛び立つた。

蛞蝓《なめくじ》のろのろ、ナ、ニ、ヌ、ネ、ノ。
納戸《なんど》にぬめつて、なにねばる。

鳩ぽつぽ、ほろほろ。ハ、ヒ、フ、ヘ、ホ。
日向《ひなた》のお部屋《へや》にや笛《ふえ》を吹く。

蝸牛《まゐまゐ》、螺旋巻《ねぢまき》、マ、ミ、ム、メ、モ。
梅《うめ》の実落《みお》ちても見もしまい。

焼栗《やきぐり》、ゆで栗《ぐり》。ヤ、イ、ユ、エ、ヨ。
山田《やまだ》に灯《ひ》のつく宵《よひ》の家。

雷鳥《らいてう》は寒《さむ》かろ、ラ、リ、ル、レ、ロ。
蓮花《れんげ》が咲《さ》いたら、瑠璃《るり》の鳥《とり》。

わい、わい、わつしよい。ワ、ヰ、ウ、エ、ヲ。
植木屋《うゑきや》、井戸換《ゐどが》へ、お祭《まつり》だ。

わかることよりも**感**じること

こどもたち

茨木のりこ

こどもたちの視るものはいつも断片
それだけではなんの意味もなさない断片
たとえ視られても
おとなたちは安心している
なんにもわかりはしないさ　あれだけじゃ

しかし
それら一つ一つとの出会いは
すばらしく新鮮なので
こどもたちは永く記憶にとどめている
よろこびであったもの　驚いたもの

＊茨木のりこ（いばらぎ・のりこ）
前出（↓168ページ）

神秘なもの　醜いものなどを

青春が嵐のようにどっと襲ってくると
こどもたちはなぎ倒されながら
ふいにすべての記憶を紡ぎはじめる
かれらはかれらのゴブラン織*を織りはじめる

その時に
父や母　教師や祖国などが
海蛇や毒草　こわれた甕《かめ》　ゆがんだ顔の
イメージで　ちいさくかたどられるとしたら
それはやはり哀しいことではないのか

おとなたちにとって

***ゴブラン織**　室内を飾る織物、タペストリー。フランス・ゴブラン産のものが著名なためこう呼ぶ。

ゆめゆめ油断のならないのは
なによりもまず　まわりを走るこどもたち
今はお菓子ばかりをねらいにかかっている
この栗鼠どもなのである

高行くや

蜂飼 耳

膝のまるみを地に立てて　あみあみの
ストッキングを　底引き網　引き上げながら
あな　また　あながあいちゃった　彼女は

　どうしてここに　いるの
あたしは　いるの

一階の窓はひろく
みちを誤まった飛べるもの　跳ね回るもの
すこしも飛べないものなど　こだわりも　また
ことわりもなく侵入し　いちいち

＊蜂飼 耳（はちかい・みみ）
一九七四（昭和49）年、神奈川県生まれ。早稲田大学大学院文学研究科修了。詩集に『いまにもうるおっていく陣地』（一九九九〈平成11〉年、中原中也賞）。『食うものは食われる夜』（二〇〇五〈平成17〉年、芸術選奨新人賞）。『顔をあらう水』（二〇一五〈平成27〉年、鮎川信夫賞）。小説に『紅水晶』（二〇〇七〈平成19〉年）、『転身』（二〇〇八〈平成20〉年）。絵本に『うきわねこ』（絵／牧野千穂、二〇一一〈平成23〉年、産経児童出版文化賞ニッポン放送賞）など。文集に『空席日誌』（二〇一三〈平成25〉

応えることは不可能　携帯はしきりとふるえ
こぶりな疑惑も　ねこが　くわえて
あまりにかるがる屋上へ　持ち上げる

高行くや　ぴぴ
あいつを捕れ

点と点を線でむすんだ灰いろの
屋上はそらに在り
そのかたちをなぞることを　七階の
おじいさんは止めない　フェンスに沿いすべての
方角をめぐり歩く　まいにちの　ならわしだ

物干し　盆栽

年)、『おいしそうな草』(二〇一四〈平成26〉年)などがある。

あかい　じょうろ

むかし　しってた　言葉がいまは
なにひとつわからない　それが　なんだと
いうのだろう　盆栽のあたたかな
松の林に囲まれて　ああ　ごくらく

高行くや　ぴぴ
あいつを捕れ

雲をよび　きょうも
そらでおどる　彼をみつけて　安心し
ひさかたの日々の朝をこなしていく
あたしだけではない

リバーマン帰る

田村隆一

雨男のリバーマン、アメリカは中西部
トーモロコシの空間へ帰って行くよ。
「横浜の波止場から
おお　船に乗って！」
二人の娘と、一人の息子を
両脇にかかえて、白熊のような奥さんに、
Support されて、イリノイ大学へ帰って行くよ。
早く帰らないと、
ウーマン・リブの女教師に、*Professor* の *Position* を
とられてしまうぞ、イリノイにはあんまり雨がふらないから
たっぷり、日本の梅雨に濡れて、

＊田村隆一（たむら・りゅういち）
一九二三（大正12）年、東京府北豊島郡巣鴨村（現・豊島区）生まれ。明治大学文芸科卒。『LE BAL』などに詩を投稿。戦後、鮎川信夫らとともに『荒地』（第二次）を創刊。一九五六（昭和31）年に第一詩集『四千の日と夜』を刊行。第二詩集『言葉のない世界』（一九六三〈昭和38〉年）で高村光太郎賞を受賞。詩集に『奴隷の喜び』（一九八四〈昭和59〉年、読売文学賞）、『ハミングバード』（一九九二〈平成四〉年、現代詩人賞）など。翻訳やエッセーなど著作多数。一九九八（平成10）年、75歳で死去。

おお、青い、つぶらな瞳をうるませて、
躁鬱病のリバーマンは帰って行くよ。
そこでぼくらはお別れパーティ、
鎌倉は、いま入梅で、池はミシガン湖ほど大きくないが、
ボーフラが、ヒョロヒョロわいている。
そこで、ヒョロヒョロ立ちあがり、
ウイスキーに酔っぱらって、
ぼくは、演説したんだ、通訳は、ニークラ。
雨男が鎌倉にやってきたとき、
借家の交渉からガス風呂の修理まで、
ニークラが話をつけたんだ、ドルを、いちいち、
円に換算して、ちょうど、円の切り上げで、
ドルが下った、雨男が泣いた、
雨男は詩人だから、ドルの嘆きの詩を、ニューヨーカーに寄稿した、

原稿料が入ったから、雨男は料理屋へ行ったよ、日本の
PCBがたっぷりはいっている、いきのいいハマチが大好きで、
そこで、板前がたずねたものだ、「お客さん、ご職業は？」
雨男は、鼻をヒクヒクさせて、マイルドな日本語で答えたものさ、
「わたしは、シュジンです」
「へえ、主人？」
「シジンです」
「なーんだ、詩人ですかい」
そこで、ぼくは演説したよ、ヒョロヒョロ、立ち上って、演説したん
　だ、「日本じゃ、
大学の先生と、云ったほうがいいね、
詩人といったら、乞食のことだ、
中西部とはちがうんだ、あの燃える、
夕日がギラギラ落ちて行く、トーモロコシ畠のまん中で、

ほんとうの詩人とは、腕ぷしの強い農夫のことさ、日本じゃ、進歩的
なヘナチョコ百姓ばかり、アメリカといったら、ベトナム戦争と人
種差別のオウム返しさ、……」
ぼくは酔っぱらって、なーんにもわからない
通訳も酔っぱらって、なーんにもわからない
雨男だけ、キョトンのキョンだ、キョトンのキョン！
さ、元気で！　きみたちの一路平安を祈る！
日本のことなんか、忘れてしまえ！
あばよ、カバよ、アリゲーター！

黄昏に

FRAU R. KITA GEWIDMET

立原道造

すべては　徒労だつた　と
告げる光のなかで　私は　また
おまへの名を　言はねばならない
たそがれに

信じられたものは　楽しかつた
だが傷ついた　いくつかの
風景　それらは　すでに
とほくに　のこされるばかりだらう

私は　身を　木の幹に凭せてゐる

＊立原道造（たちはら・みちぞう）
前出（↓34ページ）

おまへは　だまつて　背を向けてゐる
夕陽のなかに　鳩が　飛んでゐる

私らは　別れよう……別れることが
私らの　めぐりあひであつた　あの日のやうに
いまも　また雲が空の高くを　ながれてゐる

幻聴

宮沢賢治

（これはかはりますか）
（かはります）
（これはかはりますか）
（かはります）
（これはどうですか）
（かはりません）
（そんなら、おい、ここに
雲の棘をもつて来い。はやく）
（い丶え　かはります　かはります）

＊宮沢賢治（みやざわ・けんじ）
前出（↓37ページ）

月に就て

稲垣足穂

a「お月さまが出ているね」
b「そんな事わかるものか」
a「あしこに見えるじゃないか」
b「そんな事わかるものか」
a「じゃあの円いものは何だね」
b「そんな事わかるものか」
a「何の根拠をもって君はそんな事を云うのだ」
b「そんな事わかるものか」
a「じゃ何も云えないじゃないか」
b「云えないのが当りまえよ」
a「そんな事わかるものか」
b「わかるかわからないかわかるもんか」
a「わかるかわからないかわかるもんかそんな事わかるものか」

＊稲垣足穂（いながき・たるほ）一九〇〇（明治33）年、大阪市船場（中央区）生まれ。一九一九（大正8）年、関西学院普通部卒。上京し、佐藤春夫の知遇を得る。一九二三（大正12）年、『一千一秒物語』を刊行、文壇の注目を集める。その後、帰阪し執筆活動を続ける。一九六八（昭和43）年、『少年愛の美学』が日本文学大賞を受賞。「タルホ」ブームが起こる。一九七七（昭和52）年、76歳で死去。

草男

清水 昶

草食獣のように野火に追われ
寒い日の燎原をわたった影の男よ
凍える土から追放され
あかるすぎるオフィスの椅子暗く
背中ばかりで草を食べている小さな父よ
おれたちはいま
さかだちする夢をさかのぼりつつひえ
芯までひえこむ頭蓋を都市に曝し
おれたちがならべる曝し首は
一様ににがい草の茎を噛んで果てている
恋ざめの恋がはじまり

＊清水 昶（しみず・あきら）
一九四〇（昭和15）年、東京都鷺宮生まれ。同志社大学法学部卒。在学中に私家版の詩集『暗闇の中を疾走する朝』を刊行、正津勉と『首』を創刊する。一九六六（昭和41）年、第7回現代詩手帖賞受賞。詩集に『長いのど』（一九六六〈昭和41〉年）、『野の舟』（一九七四〈昭和49〉年）など。評論も多くの著書がある。二〇一一（平成23）年、70歳で死去。

深夜にはきまって
顔の崩れた農民あがりの通信手が
破調の暗文を都市の心臓部へ
みだれ打っている
どこまでもひえていく予感のなかに
花もなく
火の儀式もなく
ましてや美しい狂気などあろうはずもない
おれたちは
まだやわらかな四肢を不自由にうごかしながら
奇妙にけものににた姿勢で
草を買う女を愛し
かつて若い父がなくした顔つきで
にがい草を口いっぱい吐きだして

くるしんでいる若者たちを
透かすように凝視している

四月の狸

渋沢孝輔

出るに出られず
化けるに化けられぬ春陰の身に
しかし気がつけばすでに
おぼろの穴もなく
花にまぎらう薄刃の舞が
あたりを層々とみたすころ
われら月下に
便々たる腹鼓を競いあう
空は雪花石膏のきめ細かく
ありのとわたりの
埋葬ねずみははげしく濡れて

＊渋沢孝輔（しぶさわ・たかすけ）一九三〇（昭和5）年、長野県小県郡長村（現・上田市）生まれ。東京外国語大学フランス語科卒。東京大学大学院フランス文学科修士課程修了。フランス詩を研究、ガストン・バシュラール『蝋燭の焔』等の翻訳がある。第一詩集『場面』（一九五九〈昭和34〉年）。詩集に『われアルカディアにもあり』（一九七五〈昭和50〉年、歴程賞）、『廻廊』（一九七九〈昭和54〉年、高見順賞）、『行き方知れず抄』（一九九七〈平成9〉年、萩原朔太郎賞）など。一九九八（平成10）年、67歳で死去。

人みなのし慣れた仕事を急きたてる
それというのも
すべての不思議は一重の袋
汗にきらめく秤目だからだ
ずいぶんと無邪気な祝婚歌を
歌い続けている声を祝福しよう
見捨てられた神すなわち妖怪と化し
憑きたぶらかす威力も失せて
退化のはては
むやみにひとを驚かす
親々からの因果のみのりは
たちまち馬脚をあらわす仕掛と知れても
あらためて風になぶらせ劫を経る
時じく南の砂が吹きよせて

すでにおぼろの穴もなく
花にまぎらう薄刃の舞が
あたりを層々とみたすころ
われら期待の熱病を病み
恐れられれば大得意でそうであろう
おのれはただの狸ではない
森羅万象わが臍下丹田の
袋のうちの化現にすぎぬ
しかも耳を澄ませば袋のうちから
絶える間もなく出してくれえ
出しておくれとせがむ声
つい聞きとどければ繁殖の海の
藻だらまみれで眼もあてられぬ
闇討ちまがいのしっぺがえしに

さらに打ち返す奥の手が
月下の便々たる腹鼓のみとは
化道の格を問う余地もなく
日々この筋ばかりが闇くなるのは
なぜなのか
四界をこめて鼓膜にひびき
われらの眼には入らぬ大入道の胎内の
かなたの野みちをじゃんぼん*がゆき
風にぴらぴら旒旗《りゅうき》がなびく
お棺のぬしはどこのだれやら
七十五匹の眷属《けんぞく》ともども
春の霞に消え去るものもあり
おぼろおぼろの
その足跡の余韻を巻いて

***じゃんぼん**　方言で葬列のこと。

花吹雪　薄刃吹雪がふりそそぐ

泪

中村 稔

睫毛のはしにやどる泪は
泪のなかに突きささる
並木をうつす
街を逆さまにうつす

揺れながらほそりゆく
ビルのむれをうつす
夕焼けの空に
宙ずりになった人々をうつす

泪はうつす

＊中村 稔（なかむら・みのる）
一九二七（昭和２）年、埼玉県大宮に生まれる。東京大学法学部卒。一九五〇（昭和25）年、第一詩集『無言歌』刊行。詩集『鵜原抄』（一九六六〈昭和41〉年、高村光太郎賞）。詩集に『羽虫の飛ぶ風景』（一九七六〈昭和51〉年、読売文学賞）、評論では『束の間の幻影―銅版画家駒井哲郎の生涯』（一九九二〈平成４〉年、読売文学賞）など。宮沢賢治、中原中也についての著作が多くある。また一九九八（平成10）年から二〇一一（平成23）年まで日本近代文学館の理事長をつとめる。

地の底と空の果てと　また
慌しく訪れる多くの死とを

ああ　泪を拭いてはいけない
噴きこぼれる泪が
事象を隠してしまわないうちは。

男根（Penis）

スミコの誕生日のために

白石かずこ

神は　なくてもある
また　彼はユーモラスである　ので
ある種の人間に似ている

このたびは
巨大な　男根を連れて　わたしの夢の地平線の上を
ピクニックにやってきたのだ
ときに
スミコの誕生日に何もやらなかったことは
悔やまれる
せめて　神の連れてきた　男根の種子を

＊白石かずこ（しらいし・かずこ）
前出（↓25ページ）

電話線のむこうにいる　スミコの
細く　ちいさな　かわいい声に
おくりこみたい

許せよ　スミコ
男根は　日々にぐんぐん育ち
いまは　コスモスの　真中に　生えて
故障したバスのように動こうとしないのだから
そこで
星のちらばっていたりする美しい夜空や
ハイウェイを　熱い女を連れて車で突っぱしる
どこかのほかの
男をみたいと思う時は
ほんとに

よくよく　そのバスの窓からのりだして
のぞかねばならない
男根が
動きだし　コスモスのわきあたりにあると
眺めがよいのだ　そんな時は
スミコ
星空の　光りぐわいの寂しさ
真昼の　おかしい冷たさが
腹わたにしみわたり
しみじみと　みえるものはみえ　すべて人は
狂わずにいられなくなる
男根には　名前もなく　個性もない
また　日づけもないので
祭のみこしのように

誰かが　かついで通りすぎる時
さわぎの様子で　ときどき
それと　在り家が知れる
その　ざわめきの中で
神にいまだ支配されない種子たちの　未開の
暴動や　雑言罵詈の
空漠がきこえたりするのだ　時折

神というのは　とかく不在で
かわりに　借金や　男根だけをおいて
どこかにでかける　とみえ

いま
神に　おき忘れられた男根が

歩いてくる　こちらの方へ
それは　若く陽気で
巧まない自信にみちている　ので
かえって　老練な微笑の影に似る

男根は　無数に生え
無数に　歩いてくるようだが
実は　単数であり　孤りであるいてくるのだ
どの地平線からみても
いちように　顔も　ことばもなく
そのようなものを　スミコ
あなたの誕生日にあげたい
すっぽりと　あなたの存在にかぶせ　すると
あなたに　あなた自身が　みえなくなり

時に　あなたが　男根という意志そのもの
になり
はてもなく　さまようのを
ぼうようと　抱きとめてあげたいと思う

白いうた

天沢退二郎

そのときぼくはぼくらだった
ぼくらはよごれた雲の下で野宿をした
あたりには胡桃の木がぼんやりならび——
なま温い草むらにぼくらは腰をおろして
だまって枯草のようなパンをたべあった
よく見ればぼくらは互に顔もわからなかった
みんな赤茶けたけむりのようにぼやぼやして
それはいったい誰たちだったのだろう
ぼくはやはりひとりで林をよぎっていた
夜はなく白くよどんだ昼ばかりだった
凋びた勲章をぶらさげた木があった

＊天沢退二郎
（あまざわ・たいじろう）
前出（↓102ページ）

その前にぼくはずいぶん佇んでいたけれど
その木は目をあけてみせようとしなかった
見あげると見え　そして旋り去った暗い杉のトーテムを
ぼくはふりかえらなかった
そうしていつのまにかぼくはまたぼくらになった
影よりはもっと軽くしらじらしいこのいきものたち
ぼくらはぼくをとり囲んでいた
ぼくらは死者の風のように林をよぎっていった
はだかんぼうの木はむこうをむいて睡っていた
足もとに小枝はそっけなく折れ草はなま温く冷えた
ぼくは雲のようにすきとおらないぼくらだった
どこか遠くで白い旗が梢にあがっていた
ぼくはぼくらに拉致されていった

私有制にかんするエスキス（抄）

飯島耕一

I

きみのものがある
きみのものはない
水にくぐると他人の妻の
脚も　きみの
妻の脚も見分けがつかない
きみが私有を主張しても
四本の脚は切れ目のない水に所属し
きみ以外の
逆進してくる誰か

＊飯島耕一（いいじま・こういち）一九三〇（昭和5）年、岡山県岡山市生まれ。東京大学文学部フランス文学科卒。一九五三（昭和28）年に第一詩集『他人の空』を刊行。一九五六（昭和31）年に大岡信らとシュルレアリスム研究会を始め、一九五九（昭和34）年には清岡卓行らを加えて詩誌『鰐』創刊する。詩集『ゴヤのファーストネームは』（一九七四〈昭和49〉年、高見順賞）、小説『暗殺百美人』（一九九六〈平成8〉年、Bunkamuraドゥ・マゴ文学賞）をはじめ、受賞多数。二〇一三（平成25）年、83歳で死去。

の眼にもとらえられている
いや　水になかに揺れている影
が脚なのか
傾く火のバーナーなのか
もわからない
この水が誰のものなのか
きみは言うことができない
あるいは言うことができる
きみは可能なかぎり
見えるものを私有せよ

青空を私有せよ
そして他人がきみの青空
中将湯　向日葵

宿屋のまんじゅう等を
奪うのをみとめよ
奪い奪われることにのみつとめよ
そして
一切を奪っていると認識されるまで
奪われよ
なかじきり　そとじきりを否定せよ
きみはきみより
はるかに大きな空間のなかにいる
あるいはいない
その空間は
きみの所有物だ
なぜならその空間は
きみがいなければ存在しないから

きみであり
きみでない空間のなかに浮游する
椎骨　五十円のパイロットインキ
ハマダラ蚊がある
一本釣の漁師の腕　機関砲
青旗イチゴじゃむがある
恐怖と人の呼ぶ　呼気と吸気のあいだ
大気中の微細な物質がある
きみをとり囲む空気の層の
無数の傷の透かして見えるジンク板の切断面がある
それはきみのものだ
きみのレンズの眼の
それはきみのものではない
外界の切断面

そしてきみは

きみが一切の自由を獲得するには
一切の私有を否定する
以外にない
あるいは一切を　私有する
以外にない
セックスも
戦死者も
そして詩もだ。

晩二つ

稲垣足穂

1

或晩お月さまを見ると横を向いた顔になっていた
気がつくとその下にある煙突が六角形のエンピツであった

2

子供が云った
「チョウチョウはどこで寝るのか知ら」
自分が云った
「お月さん君はシャンですね」
お月さまは云った
「今晩も星が足らん」

＊稲垣足穂（いながき・たるほ）
前出（↓190ページ）

希望

清水 昶

血糊をのこす無音の口をこじあけ
吐くたとえば
夏を大きく吸った黒焦げの肉愛
犯された母が切りきざんだ朝の肉
いまは
家畜を満たす深い夜
ぼうぼうと殺意がたち枯れている市街から
老犬のようにもどってくる父
を
抱いてはならぬ若い母
あなたのほっそりとした夢のなかで

＊清水 昶（しみず・あきら）
前出（↓191ページ）

闘鶏のように痩せたくてわたしは
未明の雪にひえる思想に銃眼をすえ
熱を切って真蒼な星座の下
這いまわる臓腑をはげしく
握った

青い槍の葉

(mental sketch modified)

宮沢賢治

（ゆれるゆれるやなぎはゆれる）
雲は来るくる南の地平
そらのエレキを寄せてくる
鳥はなく啼く青木のほづえ
くもにやなぎのかくこどり
（ゆれるゆれるやなぎはゆれる）
雲がちぎれて日ざしが降れば
黄金《キン》の幻燈《げんたう》　草《くさ》の青
気圏日本のひるまの底の
泥にならべるくさの列

＊宮沢賢治（みやざわ・けんじ）
前出（↓37ページ）

（ゆれるゆれるやなぎはゆれる）

雲はくるくる日は銀の盤
エレキづくりのかはやなぎ
風が通ればさえ冴《ざ》え鳴らし
馬もはねれば黒びかり

（ゆれるゆれるやなぎはゆれる）

雲がきれたかまた日がそそぐ
土のスープと草の列
黒くおどりはひるまの燈籠《とうろ》
泥のコロイドその底に

（ゆれるゆれるやなぎはゆれる）

りんと立て立て青い槍の葉
たれを刺さうの槍ぢやなし
ひかりの底でいちにち日がな

泥にならべるくさの列
（ゆれるゆれるやなぎはゆれる）
雲がちぎれてまた夜があけて
そらは黄水晶《シトリン》ひでりあめ
風に霧ふくぶりきのやなぎ
くもにしらしらそのやなぎ
（ゆれるゆれるやなぎはゆれる）
りんと立て立て青い槍の葉
そらはエレキのしろい網
かげとひかりの六月の底
気圏日本の青野原
（ゆれるゆれるやなぎはゆれる）

ノンストップ

白石かずこ

走りだしたまま
とまらない男がいる

ビルの窓から首をだしたが
そのまま　壁を馳けおりて
道路を走り　道路を走りきると　海へで
海を走りつづけ
私は　走りつづけて
とまらない男を　ひとり飼ってる
ノートの上や　ひきだしの中
私のくらやみの間に

*白石かずこ（しらいし・かずこ）
前出（↓25ページ）

私をねむらすことを忘れて
その男が走りつづけるので
私の昼はつかれ
私の夜は拡がったまま戻らない

隠された村へⅠ

黒田喜夫

隠されているものを探せ
山と山のあいだを
それよりも恨みと願望のあいだを
見えない林のおくを

林でいっぽんの樹を探せ
かたい幹を手でさわれ
だが奥ふかい林で
おれのイメイジは迷う

地図にない道

＊黒田喜夫（くろだ・きお）
前出（↓46ページ）

胸と額をつなぎ
目と手をつなぎ
獣の足痕と
別な足痕をつなぐ迷路を

隠しているのは霧ではない
隠しているのは高い叢ではない
そこに道標がある
読めない文字でかかれている
震えない胸とうつむく額がある
そらす目と逃げる手がある

そして苦悶するイメイジがある
いっぽんの樹にさわってみる

くちた樹皮から木質へ
いっぽんの樹から次の樹へ
見えない林にいるおれ

手で伝わってゆくおれ
おれは見えない林から
くぐれない芝垣のまえへ行く

開かない戸口のまえへ
唖のきょうだい
聾者の家族
盲目の愛人のいる
始源の群落のなかへ

そこにおれの不所有のおもさ
おれの唯一の土産を
啞の手つきと
聾者の言葉と
盲目にある目の光で
隠されている村にささげる

隠された村へⅡ

黒田喜夫

不思議なところにいる
家も住むひとも隠されている
林のなかにいるのだが樹が見えない

口がきけない
耳が聴こえない
盲の身振りをおれはする
知っているただひとつのものは恐怖だ
それは空気とのつぎめの
指先にある

＊黒田喜夫（くろだ・きお）
前出（↓46ページ）

触れないものとは怖ろしい
見えないものとは怖ろしい
そのために手は動く
ひときれごとに恐怖でいっぱいな
空気のなかを

最初につきあたってくるものを
おれは摑む
おれは細い樹の枝を摑む
口がきけない耳が聴こえない
盲のもつ恐怖とおどろきで
撫でる　ざらざらした皮の樹の枝を

＊

網膜が裂けはじめる
裂け目からぞくぞく樹が生えてくる
みるみる拡散して頭上いっぱいの林になる
と思うと逆転し
葉をふき散らしながら収縮する
いっぽんの枝となって還ってくる

＊

おれはふかい眠りを眠りながら
もうひとつの目でめざめる
目をつぶしている残酷な傷があるが
傷口から
六本指の手や
分岐した舌や

茸のように群生する嗅覚などが
生えはじめる

*

そしておれは出てゆく
見えない林から
入りくんだ枝と
数えきれない葉のあいだから

おれは不具の手だ
拡がる土地の前の盲だ
おれの閉じた目の裏に土地と
短い柄の鍬で耕している父祖たちが見える

暗闇から
「上」とかいた紙を振りかざした男が
空気をかきわけて走ってゆく
彼は口がきけない
耳が聴こえない
盲の身振りをして
前へ前へと小さくなる

あれは誰なのか
そこにいる
おれの閉じた目の裏に
直訴嘆願のすえ斬首獄門にさらされた
おれの首をもつ男だ
鬐をちらし血に汚れて

いまは目をかっと開いている
それに映っているのは曲がりくねり
切りきざまれた土地だ
するとおれは出てゆく
盲の身振りで手を突きだし
曲がりくねり切りきざまれた土地のうえを
つぶれた目の裏から生まれておれは出てゆく
とつぜん現実の空気の冷感が指先にある
近くから遠くへ土地は拡がっている
そのうえをゆくおれの盲目
冷感に灼かれる手を突きだし
前へ前へと小さくなる

うつくしいもの

八木重吉

わたしみづからのなかでもいい
わたしの外の　せかいでも　いい
どこにか　「ほんとうに　美しいもの」は　ないのか
それが　敵であつても　かまわない
及びがたくても　よい
ただ　在るといふことが　分りさへすれば、
ああ、ひさしくも　これを追ふにつかれたこころ

＊八木重吉（やぎ・じゅうきち）
前出（↓63ページ）

エッセイ

「あそぶ」こと、「詩を書く」こと

青木　健

〈想像《イメージ》してごらん〉

まず、声が甦る。やさしい震えるような声が。

もう三十年以上も前の事だが、オーストリアのカテリーナという女性がみんなの前で突然朗読を始めた。

（覆《くつがえ》された宝石）のやうな朝
何人か戸口にて誰かとささやく
それは神の生誕の日。

詩は、西脇順三郎の「天気」で、短いけれども良く知られた作品なので、私はすぐに解った。それ以来私にはこの詩とともに声が甦る。

カテリーナは彫刻家、詩人の飯田善國の夫人である。

声が甦ると言うことで言えば、中原中也の「サーカス」もそうだ。

サーカス小屋は高い梁《はり》
　そこに一つのブランコだ
見えるともないブランコだ

頭倒《さか》さに手を垂れて
　汚れ木綿の屋蓋《やね》のもと
ゆあーん　ゆよーん　ゆやゆよん

空中ブランコの揺れる音が、「ゆあーん　ゆよーん　ゆやゆよん」というオノマトペによって耳から離れていかない。

「幾時代かがありまして／茶色い戦争ありました」と始まるこの詩は、中原中也の愛唱詩だが「ゆあーん　ゆよーん　ゆやゆよん」という擬音は独特である。

声の次は映像だ。宗左近の「シャボン玉」を見てみよう。

身体が浮きあがる
（こころのほうは重いから）
手足を動かす
（鰭《ひれ》なんぞこころにだってはえはせず）
泳ぎだす
泳ぎだすよりほかはない

こうして映像は自由に動き出す。

　　あらほんとあの金魚鉢ったら
　　空にうかんで回転してるわ

次は白石かずこの「ライオンの鼻唄」だ。

わたしは昨日ライオンだったので　密林で鼻唄をうたってました　夜には
星が一せいにふりだしたので
月の光をふみつけては
いたるところやけどをしました

と始まるこの詩は、昨日ライオンだったわたしは鏡屋の前を通り、

ピンセットを密林に忘れたので
二度と鼻唄の文句だけは
つまみだすことができません

で終わる。金魚もライオンも想像状の産物である。
次に新川和江の「鬼ごっこ」。

「あなたは霧？　風？　それともけむり？」
苦しまぎれに呼びかけると
遠くのほうから
あのひとの声がかえって来た
「あなたは霧？　風？　それともけむり？」

それで、私は間の抜けたさびしい鬼ごっこをする。するとあのひとの声がした。

「あなたがいっぽんの木であればいい
そうすれば伐り倒すことも出来るのに！」

こうして想像する力は私達の世界を拡げてくれる。
次に紹介するのは立原道造の「のちのおもひに」だ。「夢はいつもかへつて行った　山の麓のさびしい村に」と始まるこの詩は、

うららかに青い空には陽がてり　火山は眠つてゐた
——そして私は
見て来たものを　島々を　波を　岬を　日光月光を
だれもきいてゐないと知りながら　語りつづけた……

と続く。立原らしいゆったりとしたリズムで。
次に引用するのは、宮沢賢治「春と修羅」第一集に収録されている「松の針」である。この詩は妹トシの臨終を描いている。

さつきのみぞれをとつてきた
あのきれいな松のえだだよ
おお　おまへはまるでとびつくやうに
そのみどりの葉にあつい頬をあてる
そんな植物性の青い針のなかに

「けふのうちにとおくへさらうとするいもうとよ」と賢治は呼びかけている。新鮮な緑の松の枝の感触は、最後に匂いとなって現れる。

さわやかな
terpentine《ターペンテイン》の匂《にほひ》もするだらう

感触という事で言えば、木坂涼の「鬱鬱《うつうつ》」という短い詩がおもしろい。

ネコが
丸くなっている。
わたしが
それを囲む。

「太巻」

ここでは丸くなっているネコを太巻と見てしまう所がポイントだ。
次には村上槐多の「童児群浴」。

黄金の童子《どうじ》等は赤く笑へり
一瞬にして食人びとにとらはるるばかりの恐れ
おしかくし勇ましく大笑す
天と地とうつしし水に

川で群浴する童子達の姿を生々と追っていく。
再び感触を表わす伊藤整の「雪解　幼時」を紹介しよう。

雪が無くなつて
ああ　なんといふ　懐かしい　乾《かわ》いた街の土だらう。

雪解けの水が乾いた春の日の夕暮の景色。伊藤整は雪解け道で遊んでいる幼児の記憶を描いている。

それではこの章の最後に、丸山薫の「白い自由画」。

私は子供達に自由画を描かせる。しかし塗る色が無くて途方に暮れるのだ。

ただ　まつ白な山の幾重《いくかさな》りと
ただ　まつ白な野の起伏《おきふし》と
うつすらした墨色の陰翳《かげ》の所々《ところどころ》に
突刺したやうな
疎林の枝先だけだ

そして、私は空を淡いコバルトで描く。しかし誤まってぽとりと黄色を滲ませてしまう。すると、

「ああ　まんさくの花が咲いた」と

子供達はよろこぶのだ

〈遊べこどもたち〉

遊ぶ事に熱中するのは、いつもこどもである。それぞれの遊びの意味や無意味、そのシステムやルール……その事にこどもたちは精通している訳ではない。けれどもこどもたちは息を吐き、頰を染め、汗をかいて遊ぶのである。

谷川俊太郎の「運命について」でこどもたちは、プラットフォームにいる。

プラットフォームに並んでいる
小学生たち
小学生たち
小学生たち
小学生たち

喋りながら　ふざけながら　食べながら

この詩で最後にプラットフォームに並んでいるのは「天使たち」だ。

だまつて　みつめながら
だまつて　輝きながら

次には、金子みすずの「こだまでせうか」。

「遊《あす》ばう」つていふと
「遊ばう」つていふ。

「馬鹿」つていふと
「馬鹿」つていふ。

「もう遊ばない」つていふと
「遊ばない」つていふ。

こう始まるこの詩は「こだまでせうか、いいえ、誰でも。」と終わっている。続けて藤原定の「ナワ飛びする少女」。

半円の縄《なわ》が
天を小さく切つたとき
もう君は足許《あしもと》のそれを飛び

とうたいだすこの詩は縄飛びの喜びを次のように書く。

そうして掬《すく》いとる天と地との交替から
生じる律動を　君の眼がかがやいて歌う

跳躍《ちょうやく》の中にこそ　生のよろこびがあると

次の藤井貞和の詩は遊ぶこどもがテーマだ。「三月十日、遊ぶ子供」を引く。

チ、遊ぶ
ヨ、湯舟のなかでも
コ、机のまえでも
レ、おとなを脱ぎ
イ、青年を脱ぎ
ト、幼児が遊んでいる

「チヨコレイト」から始まるこの詩は、「チヨコレイト」が三回で「グリコ」に変わる。そして「パイナップル」、再び「チヨコレイト」に戻る。その二回目の「チヨコレイト」。

チ、時は「歩む」ともいうなあ
ヨ、俺はのろのろと立つ
コ、いしばいをくれ
レ、じゅうたんにライン引きで字をいっぱいに
イ、まっしろに
ト、壁という壁は

次は「パイナップル」、そして「グリコ」で終わる。

グ、いたるところの
リ、手と
コ、足とが
グ、数百本、遊んでいる
リ、遊んでいるなあ

コ、うち込んで

こうなるともう詩を書く事が遊びとなる。三月十日の大空襲のなかで死んでいったこどもたちが遊んでいる。それが「チヨコレイト」と「パイナップル」と「グリコ」である。

さて、「わらべうた」に入る前に、中原中也の「正午」を紹介しよう。

ああ十二時のサイレンだ、サイレンだサイレンだ
ぞろぞろぞろぞろ出てくるわ、出てくるわ出てくるわ
月給取の午休《ひる》み、ぶらりぶらりと手を振つて

「丸ビル風景」という副題を持つこの詩は繰り返しが多い。詩人はまず丸ビルを俯瞰する位置から地上へ降りて来る。「ひよんな眼付で見上げても、眼を落としても……」と。

正午に鳴っていた午砲がサイレンに変わった驚きを歌ったものだ。狂言の言葉使いがおもしろいリズムを作っている。

それでは「わらべうた」だ。「わらべうた」は手毬唄が多いが寺巡りの唄がよく唄われる。

大黒様《だいこくさま》と言う人は

一に俵ふんまえて　二ににっこり笑って

三に酒を造って　四つ世の中よいように

「大黒様」は、ほとんど全国共通の唄で手毬唄のほかに亥《い》の子《こ》唄、もぐら打ちの唄、または餅つき踊《おどり》などの民謡にも転用されている。室町初頭から門付《かどづけ》の芸人によって行われた。

次には北原白秋の「こんこん小山《こやま》の」。

こんこん小山《こやま》のお月《つき》さま、

ついたち二日《ふつか》はまだ小《ち》さい。

仔馬《こうま》の耳《みみ》より

まだ小《ち》さい。

この童謡は、大正十年七月『赤い鳥』に発表された。
最後に野口雨情の「しゃぼん玉」。

しゃぼん玉、消えた。
　飛ばずに消えた。
うまれてすぐに、
　こわれて消えた。

大正十一年十一月『金の塔』に発表された。野口雨情の幼な児が亡くなったことに触発されて作られた童謡である。

〈ことば遊び／ことばの実験室〉

言葉で表現する場合、中心となるのは意味である。しかし、詩の表現ではむしろ無意味の力が大きい。そのナンセンスの広がりの中に「ことば遊び」がある。
私はその「ことば遊び」のいくつかをここに紹介したい。
最初は竹中郁の「ラグビイ　アルチユウル・オネガ作曲」。

1　寄せてくる波と泡とその美しい反射と。

2　帽子の海。

3　kick《キック》 off《オフ》!　開始だ。靴の裏には鋲《びやう》がある。

4　水と空気とに溶《と》解けてゆく球《ボール》よ。楕円形《だゑんけい》よ。石鹸《サボン》の悲しみよ。

ラグビイと言う球技を言葉で30に表現していく。

13　タックル。横から大きな手だ。五本の指の間《あひだ》から、苔《こけ》のやうな人間風景。

14　人間を人間にまで呼び戻すのは旗《はた》なのです。旗の振幅《しんぷく》。(忘れてゐた世界が再び眼前《がんぜん》に現れる。)　三角なりの旗。悪の旗。

「ことば遊び」の間にラグビイの描写が時々現われる。そして最後に雨が降って来て終わるのである。

次は北園克衛の「記号説」。

明るい生活と僕です
明るい思想と僕です
透明の悦楽と僕です
透明の礼節と僕です
新鮮な食慾と僕です
新鮮な恋愛と僕です

青い過去の憶ひ出は
みんなインキ瓶に詰めてすてました

「記号説」は一九のブロックに別れている。ここに引いたのは一番長いブロックだ。白と赤で描かれた光影の中でここは青い。面白い一節である。

面白いと言う事で言えば、高村光太郎の「或る筆記通話」が不思議な魅力を持っている。

おほかみのお——レントゲンのれ——はやぶさのは——まむしのま——駝馬のだ——うしうまのう——ゴリラのご——河童のか——ヌルミのぬ——（略）

これは全ての文末をつないでいく読み方だ。すると「おれはまだうごかぬ」となる。言葉の実験室だ。

次に有馬敲の「さかさま」を紹介する。

いかたべたかい
うしろからたずねたら
いかたべたかい　は

やっぱり　いかたべたかい

「しんぶんし」、「たけやぶやけた」、「るすになにする」を加えてこの四つの言葉はどれもさかさまに読んでも同じである。
草野心平の「ごびらっふの独白」はナンセンスの広がりを保証している。

るてえる　びる　もれとりり　がいく。
ぐう　であとびん　むはありんく　るてえる。
けえる　さみんだ　げらげれんで。

無意味な言葉の連なりの後、草野は日本語訳を書いている。

幸福といふものはたわいなくつていいものだ。
おれはいま土のなかの靄《もや》のやうな幸福につつまれている。

地上の夏の大歓喜《だいかんき》の。

ナンセンスの広がりと言う事で言えば、川崎洋の「むかしばなしのはなしおさめ」もある。

ちゅうはなしをきいとります
めでたしめでたし
そればっちり
むかしこっぽり
むかしこっぽりとびのくそ

と始まり「なー　うんし　しまいでろ」で終わる。

次は茨木のり子の「方言辞典」。

よばい星　　それは流れ星
いたち道　　細い小径
でべそ　　出歩く婦人
ともかぶり　　密造酒
ちらんぱらん　ちりぢりばらばら

方言の説明をしているのはここまでで、次の行からは方言の説明ではない。これもまた一つの言葉の実験室であろう。

さて最後に北原白秋の「五十音」。

水馬《あめんぼ》赤《あか》いな。ア、イ、ウ、エ、オ。
浮藻《うきも》に小蝦《こえび》もおよいでる。

柿《かき》の木《き》、栗《くり》の木《き》。カ、キ、ク、ケ、コ。

啄木鳥《きつつき》こつこつ、枯《か》れけやき。
大角豆《ささげ》に醋《す》をかけ、サ、シ、ス、セ、ソ。
その魚浅瀬《うをあさせ》で刺しました。

この調子で「ワ、ヰ、ウ、ヱ、ヲ。」まで綴っていく。これもまた言葉遊びの実験である。

〈わかることよりも感じること〉

蜂飼耳の「高行くや」から始める。

むかし　しってた　言葉がいまは
なにひとつわからない　それが　なんだと
いうのだろう　盆栽のあたたかな

松の林に囲まれて　ああ　ごくらく

この詩は何を目指してどこへ向って行くのか良く分らない。あるいは分る事は求められていないのかもしれない。最後の四行はこうだ。

雲をよび　きょうも
そらでおどる　彼をみつけて　安心し
ひさかたの日々の朝をこなしていく
あたしだけではない

次には、田村隆一の「リバーマン帰る」を見てみよう。

雨男のリバーマン、アメリカは中西部
トーモロコシの空間へ帰って行くよ。

「横浜の波止場から
おお　船に乗って！」

この詩はコミカルに歌うように進んでいく。田村隆一の詩としては珍らしい語法だ。そして、次のように終わる。

ぼくは酔っぱらって、なーんにもわからない
通訳も酔っぱらって、なーんにもわからない
雨男だけ、キョトンのキョンだ　キョトンのキョン！
さ、元気で！　きみたちの一路平安を祈る！
日本のことなんか、忘れてしまえ！
あばよ、カバよ、アリゲーター！

次のリズムはゆったりと格調が高い。立原道造の「黄昏に　FRAU R. KITA GEWIDMET」である。

すべては　徒労だつた　と
告げる光のなかで　私は　また
おまへの名を　言はねばならない
たそがれに

心にゆったりと伝わってくるこの詩のでだしは意味を正確に表してはいない。そのリズムのまま詩は続いていく。

リズムと言う事で言えば、渋沢孝輔の「四月の狸」はテンポを早めている。

出るに出られず
化けるに化けられぬ春陰の身に
しかし気がつけばすでに
おぼろの穴もなく
花にまぎらう薄刃の舞が

あたりを層々とみたすころ

早まったテンポの中で意味を追う事はできない。と言ってもこの詩はただナンセンスの広がりを追っている訳ではない。時々意味を追っていく。

おのれはただの狸ではない
森羅万象わが臍下丹田の
袋のうちの化現にすぎぬ

と続く。そして次の五行で終わる。

七十五匹の眷属《けんぞく》ともども
春の霞に消え去るものもあり
おぼろおぼろの

その足跡の余韻を巻いて
花吹雪　薄刃吹雪がふりそそぐ

さて次は、飯島耕一の長編詩「私有制にかんするエスキス」。

Ⅰ

きみのものがある
きみのものはない
水にくぐると他人の妻の
脚も　きみの
妻の脚も見分けがつかない

肯定と否定の間で詩人は「私有」を主張する。

きみが一切の自由を獲得するには
一切の私有を否定する
以外にない
あるいは一切を　私有する
以外にない

そして、宮沢賢治の「蒼い槍の葉」。

（ゆれるゆれるやなぎはゆれる）
雲はくるくる日は銀の盤
エレキづくりのかはやなぎ
風が通ればさえ冴《ざ》え鳴らし
馬もはねれば黒びかり

（ゆれるゆれるやなぎはゆれる）のリフレインに囲まれて「蒼い槍の葉」は立ち上がる。

りんと立て立て青い槍の葉
そらはエレキのしろい網
かげとひかりの六月の底
気圏日本の青野原
　（ゆれるゆれるやなぎはゆれる）

それでは最後に黒田喜夫の「隠された村へⅠ」。

隠されているものを探せ
山と山のあいだを
それよりも恨みと願望のあいだを
見えない林のおくを

「見えない林」から「地図のない道」を通って「苦悶するイメイジ」の一本の樹に向かう。

そこにおれの不所有のおもさ
おれの唯一の土産を
唖の手つきと
聾者の言葉と
盲目にある目の光で
隠されている村にささげる

言わない、聞かない、見ない、つまり唖、聾者、盲目の人によって表現される「隠された村」がこの詩のテーマである。

編者紹介

青木 健（あおき・けん）

1944 年、京城生まれ。詩人・小説家・評論家。名古屋大学法学部卒。愛知淑徳大学非常勤講師(教授格)、中原中也の会理事。
主著に、〈小説〉『星からの風』（表題作は 1984 年度・新潮新人賞受賞作『朝の波』鳥影社)。〈評伝〉『中原中也—盲目の秋』『中原中也—永訣の秋』（河出書房新社)。〈評論〉『剥製の詩学　富永太郎再見』（小澤書店)、『江戸尾張文人交流録』（ゆまに書房)、『小島信夫の文法』(水声社)。〈詩集〉『振動尺』（書誌山田)。〈編集〉金子兜太『いま、兜太は』（岩波書店）などがある。2019 年 12 月逝去。

大人になるまでに読みたい 15歳の詩④　あそぶ

2017 年 12 月 15 日　第 1 版第 1 刷発行　　2023 年 4 月 28 日　第 2 刷発行

［編者］ 青木 健

［発行者］ 鈴木一行

［イラストレーション・装幀・カット］ 小椋芳子

［発行所］ 株式会社ゆまに書房
〒 101-0047　東京都千代田区内神田 2-7-6
tel. 03-5296-0491 / fax. 03-5296-0493
http://www.yumani.co.jp

［組版・印刷・製本］ 新灯印刷株式会社

 ISBN978-4-8433-5214-4 C1392